Réussir la gestion de mon argent

Les 5 clés pour atteindre son potentiel financier

François Kan

Remerciements

Merci à tous ceux qui ont rendu ce livre possible. J'espère que vous trouverez dans ces pages des idées et des conseils qui vous aideront à atteindre votre potentiel financier, à réussir dans la vie et à Réussir la gestion de votre argent.

Sommaire

Préface

" Réussir la gestion de mon argent " est bien plus qu'un simple livre sur les finances personnelles - c'est un guide complet pour atteindre la liberté financière et prendre le contrôle de votre vie. Dans ce livre, nous allons explorer les étapes clés pour créer un plan financier solide, gérer votre budget, réduire vos dettes, maximiser vos économies et investir de manière stratégique. Nous verrons également comment la discipline, la motivation et l'éducation financière peuvent nous aider à surmonter les obstacles courants et à atteindre nos objectifs financiers à long terme.

Ce livre ne s'adresse pas seulement aux personnes ayant une connaissance avancée des finances - il est conçu pour aider tout le monde, des débutants aux investisseurs chevronnés, à atteindre leur potentiel financier. Nous aborderons ces sujets de manière accessible et facile à comprendre, en utilisant des exemples pratiques et des conseils concrets. Nous verrons également comment les concepts financiers s'appliquent à notre vie quotidienne, en examinant des scénarios réels pour aider à renforcer notre compréhension.

Si vous êtes prêt à prendre le contrôle de votre avenir financier, alors ce livre est fait pour vous. En fin de compte, il n'y a pas de solution rapide pour la réussite financière, mais avec la discipline, la persévérance et les connaissances financières appropriées, nous pouvons tous réussir la gestion de notre argent et atteindre notre potentiel financier.

Chapitre 1

La pensée positive

1. Comprendre le pouvoir de la pensée positive dans la réussite financière

La pensée positive est une attitude mentale qui consiste à se concentrer sur les aspects positifs de la vie, à cultiver l'optimisme et à croire en sa propre capacité à réussir. Cette attitude mentale peut être particulièrement utile dans la réussite financière, car elle peut aider les individus à surmonter les obstacles, à maintenir leur motivation et à atteindre leurs objectifs financiers.

Il est important de comprendre que notre état d'esprit a un impact significatif sur notre vie financière. Les pensées que nous avons à propos de l'argent et de la réussite financière peuvent influencer nos décisions financières, notre motivation et notre confiance en nous. Les croyances que nous avons sur l'argent et la réussite financière sont souvent inconscientes, mais elles ont un impact majeur sur notre comportement financier.

Les croyances limitantes telles que "l'argent ne peut pas acheter le bonheur" ou "il est mauvais de s'enrichir" peuvent nous empêcher de poursuivre des objectifs financiers importants. En revanche, des croyances positives telles que "je mérite d'être financièrement prospère" ou "l'argent peut être utilisé pour aider les autres" peuvent nous aider à atteindre nos objectifs financiers.

La pensée positive est également importante pour notre motivation financière. Lorsque nous avons une attitude positive envers l'argent et la réussite financière, nous sommes plus enclins à prendre des risques calculés, à persévérer face aux difficultés et à trouver des solutions créatives aux défis financiers. En revanche, une attitude négative peut avoir un impact négatif sur nos décisions financières, notre motivation et notre confiance en nous.

Il est donc important de comprendre le pouvoir de la pensée positive dans la réussite financière et de cultiver une attitude mentale positive.

Voici quelques moyens pour y parvenir :

a) Prendre conscience de nos croyances et attitudes envers l'argent et la réussite financière

La première étape pour cultiver une attitude positive envers l'argent et la réussite financière est de prendre conscience de nos croyances et attitudes actuelles. Nous pouvons le faire en réfléchissant à nos pensées et émotions lorsque nous parlons d'argent, lorsque nous prenons des décisions financières ou lorsque nous discutons de la réussite financière des autres.

Il est important de reconnaître les croyances limitantes que nous avons sur l'argent et la réussite financière, telles que "je ne suis pas doué pour gérer l'argent" ou "je ne pourrai jamais être riche". Nous pouvons ensuite travailler à remplacer ces croyances par des croyances positives et constructives, telles que "je peux apprendre à gérer l'argent avec succès" ou "je suis capable de créer ma propre richesse".

b) Cultiver la gratitude pour l'argent et les opportunités financières

La gratitude est une attitude mentale qui consiste à apprécier ce que nous avons dans notre vie, plutôt que de nous concentrer sur ce que nous n'avons pas.

En cultivant la gratitude pour l'argent et les opportunités financières que nous avons déjà, nous pouvons développer une attitude positive envers l'argent et la réussite financière. Nous pouvons prendre le temps de remercier pour les revenus que nous avons, même s'ils ne sont pas aussi élevés que nous le souhaiterions, et pour les opportunités que nous avons de gagner de l'argent et de créer de la richesse.

La gratitude peut également nous aider à voir les aspects positifs de notre situation financière actuelle et à trouver des solutions créatives pour améliorer notre situation financière. En nous concentrant sur les opportunités plutôt que sur les obstacles, nous pouvons renforcer notre motivation financière et trouver des moyens innovants pour atteindre nos objectifs financiers.

c) Visualiser le succès financier

La visualisation est une technique mentale qui consiste à imaginer des situations, des scénarios ou des résultats souhaités. La visualisation peut être un outil puissant pour la réussite financière, car elle nous permet de nous imaginer atteindre nos objectifs financiers, de ressentir les émotions positives qui y sont associées et de renforcer notre motivation financière.

Pour utiliser la visualisation dans la réussite financière, nous pouvons imaginer atteindre nos objectifs financiers, tels que l'achat d'une maison, la création d'une entreprise prospère ou la réalisation de nos rêves de retraite. Nous pouvons nous imaginer ressentir la fierté, la satisfaction et la sécurité financière que nous associons à ces objectifs.

La visualisation peut également nous aider à surmonter les obstacles financiers en imaginant des solutions créatives à nos problèmes financiers. En visualisant des situations dans lesquelles nous avons surmonté des obstacles financiers et atteint nos objectifs financiers, nous pouvons renforcer notre confiance en nos capacités financières et notre motivation financière.

d) Éviter les influences négatives

Les influences négatives, telles que les médias, les personnes pessimistes ou les habitudes financières destructrices, peuvent avoir un impact négatif sur notre attitude mentale et notre réussite financière. Pour cultiver une attitude positive envers l'argent et la réussite financière, il est important d'éviter ces influences négatives autant que possible.

Nous pouvons choisir de limiter notre temps passé à regarder les actualités financières ou à lire des articles pessimistes sur l'économie. Nous pouvons également choisir de passer plus de temps avec des personnes optimistes et motivantes qui partagent nos objectifs financiers et nous soutiennent dans notre quête de la réussite financière.

Enfin, nous pouvons travailler à développer des habitudes financières saines et constructives, telles que l'épargne régulière, la planification financière et l'investissement à long terme. Ces habitudes financières peuvent renforcer notre confiance en nos capacités financières et notre motivation financière.

Voici quelques exemples de la manière dont vous pouvez éviter les influences négatives dans votre vie financière :

- Évitez les personnes qui ont une mauvaise influence sur vos habitudes financières, comme celles qui encouragent la dépense excessive ou le surendettement.
- Évitez de suivre les tendances financières à la mode, comme les investissements spéculatifs ou les produits financiers complexes, sans comprendre pleinement les risques et les avantages.
- Évitez les médias sociaux qui promeuvent un style de vie luxueux et coûteux, car cela peut vous inciter à dépenser de l'argent que vous n'avez pas.
- Évitez de comparer votre situation financière à celle des autres, car cela peut vous pousser à dépenser plus que ce dont vous avez besoin ou à investir dans des produits financiers risqués.
- Évitez de prendre des décisions financières importantes sous l'influence de l'alcool, des drogues ou de la pression des pairs, car cela peut vous amener à prendre des décisions regrettables et à compromettre votre sécurité financière.

En résumé, la pensée positive peut être un outil puissant dans la réussite financière. En comprenant le pouvoir de nos croyances et attitudes envers l'argent et la réussite financière, en cultivant la gratitude pour l'argent et les opportunités financières, en utilisant la visualisation pour renforcer notre motivation financière et en évitant les influences négatives, nous pouvons renforcer notre attitude mentale positive et notre réussite financière.

2. Se fixer des objectifs financiers clairs et mesurables

Pour atteindre la réussite financière, il est important de se fixer des objectifs financiers clairs et mesurables. Les objectifs financiers nous donnent une direction claire à suivre et nous aident à rester motivés et concentrés sur nos priorités financières.

Lorsque nous fixons des objectifs financiers, il est important de les rendre spécifiques, mesurables et réalisables. Par exemple, plutôt que de simplement dire que nous voulons "gagner plus d'argent", nous pouvons nous fixer un objectif financier spécifique, tel que "augmenter mes revenus de 10% cette année". Cet objectif est spécifique, mesurable et réalisable, ce qui nous donne une direction claire pour travailler à l'atteindre.

En se fixant des objectifs financiers clairs et mesurables, nous pouvons également suivre notre progression et ajuster nos actions en conséquence. Nous pouvons évaluer régulièrement nos progrès envers nos objectifs financiers et ajuster nos stratégies si nécessaire pour maximiser notre réussite financière.

a) Prendre des actions concrètes

Bien que la pensée positive et la visualisation puissent être des outils puissants pour la réussite financière, elles ne sont pas suffisantes en elles-mêmes. Pour atteindre la réussite financière, nous devons également prendre des actions concrètes pour atteindre nos objectifs financiers.

Cela peut impliquer de prendre des mesures pour augmenter nos revenus, telles que demander une augmentation ou chercher un travail mieux rémunéré. Cela peut également impliquer de réduire nos dépenses pour économiser de l'argent et atteindre nos objectifs financiers plus rapidement.

En prenant des actions concrètes pour atteindre nos objectifs financiers, nous renforçons notre motivation financière et notre confiance en nos capacités financières. Nous constatons que nous avons le pouvoir de changer notre situation financière et de réaliser nos rêves financiers.

b) Apprendre continuellement

Il est important d'apprendre continuellement sur les finances personnelles et l'investissement. Plus nous en savons sur les finances personnelles, plus nous sommes en mesure de prendre des décisions financières éclairées et de maximiser notre réussite financière.

Nous pouvons lire des livres sur les finances personnelles, suivre des blogs financiers, assister à des séminaires sur l'investissement et travailler avec des conseillers financiers pour améliorer nos connaissances financières. En apprenant continuellement sur les finances personnelles et l'investissement, nous pouvons prendre des décisions financières plus éclairées et atteindre la réussite financière à long terme.

En conclusion, la pensée positive peut être un outil puissant pour la réussite financière, mais elle doit être accompagnée d'autres actions concrètes pour maximiser notre réussite financière. En comprenant le pouvoir de la pensée positive, en cultivant la gratitude, en utilisant la visualisation, en évitant les influences négatives, en se fixant des objectifs financiers clairs et mesurables, en prenant des actions concrètes et en apprenant continuellement sur les finances personnelles et l'investissement, nous pouvons renforcer notre attitude mentale positive et notre réussite financière.

En combinant ces stratégies, nous pouvons créer une attitude mentale positive et résiliente envers l'argent et la réussite financière. Cela peut nous aider à surmonter les obstacles financiers, à rester concentrés sur nos objectifs financiers et à atteindre la réussite financière à long terme.

Il est important de noter que la pensée positive ne garantit pas la réussite financière à elle seule. Cependant, en utilisant ces stratégies, nous pouvons renforcer notre attitude mentale positive envers l'argent et la réussite financière, ce qui peut nous aider à atteindre nos objectifs financiers et à vivre la vie que nous souhaitons.

En fin de compte, la réussite financière est le résultat d'une combinaison de facteurs, y compris notre attitude mentale envers l'argent, nos connaissances financières et nos actions concrètes pour atteindre nos objectifs financiers. En comprenant et en utilisant le pouvoir de la pensée positive dans notre vie financière, nous pouvons renforcer notre attitude mentale positive et maximiser notre réussite financière à long terme.

Chapitre 2

La planification financière

1. Comprendre l'importance de la planification financière dans la réussite financière

La planification financière est un élément clé de la réussite financière à long terme. Pourtant, de nombreuses personnes ne prennent pas le temps de planifier leurs finances de manière stratégique, ce qui peut les empêcher d'atteindre leurs objectifs financiers à long terme. Dans ce chapitre, nous allons examiner l'importance de la planification financière dans la réussite financière et explorer les étapes clés.

Tout d'abord, il est important de comprendre que la planification financière est un processus stratégique qui vise à définir et à atteindre des objectifs à long terme. Cela peut inclure des objectifs tels que la retraite, l'achat d'une maison ou la création d'une entreprise. Sans une planification financière adéquate, il peut être difficile d'atteindre ces objectifs, ou pire encore, de ne jamais les atteindre du tout.

En définissant clairement ses objectifs financiers et les étapes nécessaires pour les atteindre, on peut mieux comprendre ce qu'il faut faire pour atteindre ses objectifs financiers à long terme.

Un autre avantage clé de la planification financière est qu'elle peut aider à réduire le stress financier. Lorsque l'on a un plan financier solide en place, on peut mieux anticiper les dépenses et les événements imprévus, tels que la perte d'un emploi ou une dépense de santé importante. Cela peut aider à réduire le stress financier et à donner une plus grande tranquillité d'esprit.

En outre, la planification financière peut aider à maximiser ses revenus et ses investissements. En identifiant les opportunités d'épargne et d'investissement, on peut maximiser ses rendements financiers et améliorer sa situation financière à long terme. Cela peut inclure la mise en place d'un plan d'investissement à long terme, l'achat d'une propriété ou l'investissement dans des actions ou des obligations.

Il est également important de comprendre que la planification financière est un processus continu. Il n'est pas suffisant de planifier ses finances une fois et d'espérer que tout se passera comme prévu. Il est important de réévaluer régulièrement sa situation financière et de mettre à jour son plan financier en conséquence. Cela peut inclure la mise à jour de ses objectifs financiers, la révision de ses investissements ou l'ajustement de ses dépenses.

En résumé, comprendre l'importance de la planification financière dans la réussite financière implique de reconnaître que la réussite financière ne se produit pas par hasard, mais plutôt grâce à une planification minutieuse, à la définition d'objectifs clairs et réalisables, et à l'élaboration d'un plan d'action pour les atteindre. La planification financière est un processus continu qui nécessite une évaluation régulière et des ajustements en fonction des changements de vos besoins et de votre environnement financier.

2. Les étapes clés de la planification financière

Les étapes clés peuvent varier en fonction de vos objectifs, de vos besoins et de votre situation financière. Cependant, il y a quelques étapes clés que vous pouvez suivre pour vous aider à élaborer un plan financier solide. Ces étapes comprennent l'évaluation de votre situation financière actuelle, la définition d'objectifs financiers clairs, la mise en place d'un budget, l'investissement dans des produits financiers adaptés à vos objectifs et votre tolérance au risque, et le suivi régulier de vos progrès.

a) Évaluation de votre situation financière actuelle

L'évaluation de votre situation financière actuelle est une étape cruciale pour atteindre votre potentiel financier. Cela vous permettra d'avoir une compréhension claire de votre situation financière actuelle et de vous aider à identifier les domaines dans lesquels vous pouvez vous améliorer.

Voici quelques étapes clés pour évaluer votre situation financière actuelle :

Dresser un bilan financier

Calculez la valeur de vos actifs et de vos dettes pour déterminer votre valeur nette. Cela vous aidera à comprendre où vous en êtes financièrement et à identifier les domaines dans lesquels vous devez vous concentrer pour améliorer votre situation.

Analyser vos dépenses

Analysez vos dépenses mensuelles pour comprendre où va votre argent. Identifiez les domaines où vous pourriez réduire vos dépenses et économiser de l'argent.

Examiner vos sources de revenus

Analysez vos sources de revenus pour déterminer si vous disposez de suffisamment de revenus pour atteindre vos objectifs financiers à long terme. Si ce n'est pas le cas, vous devrez peut-être envisager d'augmenter vos revenus en cherchant un travail mieux rémunéré, en créant une entreprise ou en investissant dans des sources de revenus passifs.

Évaluer vos dettes

Identifiez vos dettes et évaluez votre capacité à les rembourser. Si vous avez des dettes à taux d'intérêt élevé, envisagez de les rembourser en priorité pour économiser de l'argent sur les intérêts.

Identifier vos objectifs financiers

Déterminez vos objectifs financiers à court, moyen et long terme. Cela vous aidera à identifier les étapes à suivre pour atteindre ces objectifs et à déterminer les investissements et les stratégies financières qui vous conviennent le mieux.

En somme, l'évaluation de votre situation financière actuelle est une étape cruciale pour atteindre votre potentiel financier. En ayant une compréhension claire de votre situation financière actuelle, vous pourrez prendre des décisions éclairées et maximiser vos investissements pour atteindre vos objectifs financiers à long terme.

Une fois que vous avez une image claire de votre situation financière actuelle, vous pouvez commencer à réfléchir à vos objectifs financiers.

c) Définition d'objectifs financiers clairs

La définition d'objectifs financiers clairs est une étape cruciale de la planification financière. Il est important de définir des objectifs qui sont spécifiques, mesurables, atteignables, pertinents et limités dans le temps. Par exemple, au lieu de dire que vous voulez "être riche", définissez des objectifs spécifiques, tels que "économiser 10000 € pour un fonds d'urgence" ou "rembourser ma dette de carte de crédit de 5000 € d'ici la fin de l'année".

Pour illustrer cette étape, voici un exemple concret. Sarah est une jeune professionnelle qui vient de commencer sa carrière. Elle a décidé de mettre en place une planification financière pour atteindre ses objectifs à court et à long terme. Ses objectifs à court terme comprennent la constitution d'un fonds d'urgence, la remise en ordre de ses finances personnelles et le remboursement de sa dette de carte de crédit. Ses objectifs à long terme comprennent l'achat d'une maison et la constitution d'une épargne-retraite.

Une fois que vous avez élaboré un plan financier, il est important de le suivre et de le réévaluer régulièrement pour vous assurer que vous êtes sur la bonne voie pour atteindre vos objectifs financiers. Cela peut impliquer de réviser et de modifier votre budget, vos investissements, vos objectifs financiers, ainsi que votre plan de retraite.

Il est également important de suivre vos progrès régulièrement, de comparer vos résultats à vos objectifs et d'apporter des ajustements en conséquence. Par exemple, si vous épargnez pour un acompte sur une maison, suivez vos économies et comparez-les à votre objectif de dépôt initial. Si vous constatez que vous ne progressez pas aussi rapidement que vous le souhaiteriez, vous devrez peut-être revoir votre budget et trouver des moyens de réduire vos dépenses ou d'augmenter vos revenus.

Il peut être utile de prendre rendez-vous avec un conseiller financier régulièrement pour réévaluer votre plan financier et vous assurer que vous êtes toujours sur la bonne voie pour atteindre vos objectifs. Un conseiller financier peut vous aider à apporter des ajustements à votre plan en fonction de votre situation financière actuelle et des conditions économiques.

Prenons l'exemple de John, qui a décidé d'élaborer un plan financier pour économiser pour sa retraite. Il a commencé par établir un budget réaliste et a identifié des domaines où il pourrait réduire ses dépenses pour économiser plus d'argent. Il a également investi dans un compte de retraite individuel (IRA) et a défini un objectif d'épargne à long terme.

Après quelques mois, John a examiné ses progrès et a réalisé qu'il ne faisait pas autant de progrès qu'il le souhaitait. Il a donc décidé de rencontrer un conseiller financier pour discuter de son plan. Ensemble, ils ont pu réévaluer le plan de John et apporter quelques ajustements à son budget et à ses investissements pour l'aider à atteindre son objectif d'épargne à long terme.

d) Mise en place d'un budget

La mise en place d'un budget est l'une des étapes clés de la planification financière. Un budget est un outil financier qui vous permet de planifier et de suivre vos revenus et vos dépenses. Cela vous aide à comprendre où va votre argent et à trouver des moyens d'économiser plus et de dépenser moins.

La première étape pour mettre en place un budget est de déterminer vos revenus. Les revenus peuvent provenir de plusieurs sources, telles que votre salaire, des revenus d'investissement, des revenus de location, des revenus d'entreprise, etc. Pour mettre en place votre budget, vous devez déterminer la somme totale de vos revenus mensuels.

Une fois que vous avez déterminé vos revenus, la deuxième étape consiste à répertorier toutes vos dépenses mensuelles. Cela inclut toutes les dépenses régulières, telles que le loyer, les factures d'électricité, de gaz et d'eau, les frais de transport, les paiements de dettes, les frais d'assurance, les dépenses alimentaires, les frais de divertissement, etc. Vous devez également tenir compte des dépenses ponctuelles, telles que les vacances, les anniversaires, les mariages, les dépenses de santé, etc. En répertoriant toutes vos dépenses, vous pouvez avoir une vue d'ensemble sur vos habitudes de dépenses et les ajuster en conséquence.

La troisième étape consiste à établir des priorités pour vos dépenses. Vous devez séparer les dépenses essentielles des dépenses non essentielles et établir des priorités en conséquence. Les dépenses essentielles sont celles qui doivent être payées pour maintenir votre vie quotidienne, comme le loyer, les factures d'électricité, d'eau, de gaz, les paiements de dettes, etc. Les dépenses non essentielles sont celles qui peuvent être réduites ou éliminées, telles que les frais de divertissement, les dépenses de restauration, les achats impulsifs, etc.

La quatrième étape consiste à établir un objectif d'épargne. Vous devez avoir un objectif d'épargne mensuel en fonction de vos dépenses et de vos revenus. Vous pouvez choisir un pourcentage de vos revenus ou une somme fixe que vous souhaitez économiser chaque mois. Établir un objectif d'épargne vous aide à vous concentrer sur l'économie et à atteindre vos objectifs financiers à long terme.

La cinquième étape consiste à suivre vos dépenses mensuelles. Vous devez suivre vos dépenses mensuelles pour vous assurer que vous respectez votre budget et votre objectif d'épargne. Vous pouvez utiliser un tableur Excel ou une application de budget pour suivre vos dépenses mensuelles et ajuster votre budget si nécessaire.

Enfin, il est important de réviser votre budget régulièrement. Vous devez réviser votre budget chaque mois pour vous assurer que vous suivez vos dépenses et votre objectif d'épargne. Si vous trouvez que vous dépensez plus que ce que vous avez prévu ou que vous n'avez pas atteint votre objectif d'épargne, vous pouvez apporter des ajustements à votre budget pour le mois suivant.

Après avoir établi un budget, il est important de le suivre de près pour en assurer l'efficacité. Cela implique de tenir des registres financiers précis, de suivre les dépenses et de régulièrement comparer les résultats avec les objectifs établis. Il existe aujourd'hui de nombreuses applications mobiles et logiciels en ligne qui peuvent faciliter le suivi des dépenses et aider à maintenir le budget en place.

Voici un exemple de mise en place d'un budget avec une personne fictive nommée Julie :

Julie est une jeune professionnelle qui travaille comme ingénieur en informatique. Elle gagne un salaire mensuel net de 3 500 €. Cependant, elle a l'impression de ne pas pouvoir économiser suffisamment et de vivre d'une paie à l'autre. Elle décide donc de mettre en place un budget pour mieux contrôler ses dépenses.

Analyse des dépenses actuelles : Julie commence par analyser ses dépenses actuelles. Elle examine ses relevés bancaires et ses factures pour comprendre ses habitudes de dépenses. Elle constate qu'elle dépense beaucoup d'argent en sorties et en achats impulsifs.

Détermination des revenus : Julie calcule son revenu mensuel net de 3 500 €.

Fixation des objectifs : Julie décide qu'elle veut économiser de l'argent pour acheter un appartement dans quelques années. Elle se fixe donc un objectif d'épargne mensuelle de 500 €.

Établissement d'un plan de dépenses : Julie établit un plan de dépenses mensuel pour contrôler ses dépenses. Elle alloue un certain montant à chaque catégorie de dépenses, comme le loyer, les factures, l'épargne, la nourriture, les sorties, etc. Elle décide également de limiter ses achats impulsifs en se fixant une limite de dépenses pour ce poste de dépense.

Suivi des dépenses : Julie suit scrupuleusement ses dépenses et note chaque dépense qu'elle effectue. Elle vérifie régulièrement si elle respecte son plan de dépenses et ajuste celui-ci si nécessaire.

Grâce à ce budget, Julie est en mesure de mieux contrôler ses dépenses, de suivre ses progrès en matière d'épargne et de travailler vers son objectif à long terme d'achat d'un appartement.

En conclusion, la mise en place d'un budget est essentielle pour atteindre ses objectifs financiers à long terme. Cela nécessite une compréhension claire de ses revenus et de ses dépenses, ainsi que la discipline nécessaire pour suivre le budget et apporter les ajustements nécessaires. En utilisant les outils et les ressources disponibles, tout le monde peut apprendre à gérer son argent de manière efficace et à réaliser ses rêves financiers.

3. Les erreurs courantes à éviter lors de la planification financière

Lorsqu'on s'engage dans la planification financière, il est important de faire attention aux erreurs courantes qui peuvent compromettre les efforts mis en place.

Voici quelques exemples d'erreurs à éviter :

Ne pas avoir de plan clair

L'un des plus grands dangers de la planification financière est de ne pas avoir de plan clair en place. Sans un plan solide, il est facile de se laisser distraire par les dépenses inutiles et de perdre de vue les objectifs à long terme. Il est important d'établir des objectifs financiers clairs et réalisables, et de déterminer les étapes nécessaires pour les atteindre.

Par exemple, si votre objectif est d'acheter une maison, vous devrez déterminer combien d'argent vous devrez économiser, combien de temps cela prendra et quelles étapes vous devrez suivre pour y arriver. En ayant un plan clair et en le suivant, vous pourrez garder le cap sur vos objectifs financiers.

Ne pas prévoir les imprévus

Une autre erreur courante dans la planification financière est de ne pas prévoir les imprévus. Les accidents, les pertes d'emploi, les maladies et les réparations coûteuses peuvent tous entraîner des dépenses imprévues qui peuvent rapidement dérailler un budget. Il est important d'inclure une marge de sécurité dans votre budget pour faire face à ces situations imprévues.

Par exemple, vous pouvez prévoir une allocation pour les urgences ou les réparations imprévues dans votre budget mensuel. Si vous n'avez pas besoin d'utiliser ces fonds, vous pouvez les économiser pour les utiliser plus tard, par exemple pour faire face à une dépense imprévue.

Ignorer l'importance de l'épargne

L'épargne est un élément essentiel de la planification financière. Il est important de mettre de l'argent de côté régulièrement pour atteindre vos objectifs financiers à long terme, tels que l'achat d'une maison, la constitution d'un fonds d'urgence ou la préparation de votre retraite. Cependant, il est facile d'ignorer l'importance de l'épargne et de dépenser tout son argent disponible.

Pour éviter cette erreur, il est important de se fixer des objectifs d'épargne et de les intégrer à votre budget mensuel. Vous pouvez également mettre en place des stratégies d'épargne automatique, telles que la mise en place d'un virement automatique pour épargner un certain montant chaque mois. De cette façon, l'épargne devient une habitude et vous pouvez atteindre vos objectifs financiers plus rapidement.

S'endetter pour des dépenses non essentielles

Un autre piège courant est de s'endetter pour des dépenses non essentielles, telles que des vacances ou des achats impulsifs. Bien qu'il soit important de se faire plaisir de temps en temps, l'endettement excessif peut entraîner des dettes difficiles à rembourser et compromettre vos objectifs financiers à long terme.

Il est donc important de faire preuve de discipline lorsqu'il s'agit de dépenser de l'argent et de ne s'endetter que pour des dépenses essentielles.

En évitant ces erreurs courantes et en suivant les étapes clés de la planification financière, vous serez mieux préparé pour atteindre vos objectifs financiers à long terme. La planification financière peut sembler intimidante et complexe au début, mais cela en vaut la peine. Non seulement cela peut vous aider à éviter des problèmes financiers à l'avenir, mais cela peut également vous aider à atteindre une plus grande stabilité financière et à réaliser vos rêves.

En somme, la planification financière est un processus crucial pour quiconque souhaite réussir financièrement. Cela nécessite de comprendre l'importance de la planification, de suivre les étapes clés de la planification financière et d'éviter les erreurs courantes. En gardant ces points à l'esprit et en faisant preuve de patience, de discipline et de persévérance, vous pourrez établir une base solide pour votre avenir financier.

Chapitre 3

L'investissement

1. Comprendre les bases de l'investissement

Comprendre les bases de l'investissement est essentiel pour réussir financièrement. L'investissement consiste à mettre de l'argent dans des actifs dans le but de réaliser un gain financier. Cela peut inclure des actions, des obligations, des fonds communs de placement, des biens immobiliers et bien plus encore. Cependant, avant de commencer à investir, il est important de comprendre les bases de l'investissement.

La première chose à comprendre est le rendement et le risque. Le rendement est le montant d'argent gagné sur un investissement, tandis que le risque est la probabilité de perdre de l'argent sur un investissement. En général, plus le rendement potentiel est élevé, plus le risque est élevé. Il est important de trouver un équilibre entre le risque et le rendement qui convient à vos objectifs financiers.

Prenons l'exemple de deux investisseurs, A et B, qui investissent dans des actions. L'investisseur A choisi d'investir dans une entreprise émergente en démarrage, tandis que l'investisseur B choisit d'investir dans une entreprise plus établie qui verse des dividendes réguliers. L'investisseur A prend un risque plus élevé, car l'entreprise émergente peut échouer et entraîner une perte totale de son investissement, tandis que l'investisseur B prend un risque plus faible, mais il peut également obtenir un rendement inférieur à long terme. Cet exemple illustre l'importance de comprendre la relation entre le risque et le rendement, et comment elle peut affecter vos choix d'investissement.

La deuxième chose à comprendre est la diversification. La diversification consiste à répartir vos investissements sur différents types d'actifs pour réduire le risque global. En investissant dans une variété d'actifs, vous pouvez réduire l'impact de la volatilité sur votre portefeuille. La diversification peut se faire en investissant dans différents types d'actifs, tels que des actions, des obligations, des fonds communs de placement, ou même en investissant dans différentes entreprises ou industries.

Supposons que vous ayez 10 000 € à investir. Si vous investissez tout cet argent dans une seule action, vous prenez un risque élevé, car si cette entreprise échoue, vous perdrez tout votre investissement. Au lieu de cela, vous pouvez investir dans un portefeuille diversifié d'actions, ce qui réduit votre risque en répartissant votre investissement sur plusieurs entreprises. Si une entreprise échoue, cela n'aura qu'un impact limité sur votre portefeuille global. Cet exemple montre comment la diversification peut réduire le risque global de votre portefeuille et améliorer ses performances à long terme.

La troisième chose à comprendre est le concept de l'horizon d'investissement. L'horizon d'investissement est la période pendant laquelle vous prévoyez de conserver votre investissement. Si vous avez un horizon d'investissement à long terme, vous pouvez être en mesure de prendre plus de risques pour un rendement potentiellement plus élevé. Cependant, si vous avez un horizon d'investissement à court terme, vous pouvez être plus limité quant aux options d'investissement disponibles.

Imaginez que vous avez 30 ans et que vous prévoyez de prendre votre retraite à 65 ans. Vous avez donc un horizon temporel de 35 ans pour investir. Cela signifie que vous pouvez prendre des risques plus élevés en investissant dans des actifs plus volatils, car vous avez le temps de récupérer d'éventuelles pertes. Si vous avez 60 ans et que vous prévoyez de prendre votre retraite à 65 ans, vous avez un horizon temporel beaucoup plus court, donc vous devriez prendre des décisions d'investissement plus prudentes pour protéger votre capital. Cet exemple met en évidence l'importance de l'horizon temporel et de la prise en compte de votre âge et de vos objectifs de placement dans vos décisions d'investissement.

La quatrième chose à comprendre est le concept de la liquidité. La liquidité est la capacité de vendre un actif et d'en retirer de l'argent rapidement et facilement. Si vous avez besoin d'accéder rapidement à votre argent, vous devriez investir dans des actifs plus liquides, tels que des fonds communs de placement ou des obligations, plutôt que dans des biens immobiliers ou des actions.

La cinquième chose à comprendre est le coût des investissements. Les investissements peuvent comporter des coûts tels que des frais de courtage, des frais de gestion et des impôts. Il est important de comprendre ces coûts et de les prendre en compte lors de l'évaluation de vos options d'investissement.

Les frais et les commissions peuvent considérablement réduire le rendement de votre portefeuille. Supposons que vous investissiez dans un fonds commun de placement qui facture des frais de gestion annuels à hauteur de 1 % et un fonds indiciel qui facture des frais de gestion annuels de 0,1 %. Si les deux fonds réalisent un rendement annuel de 7 %, le fonds commun de placement ne vous rapporterait que 6 % de rendement net, tandis que le fonds indiciel vous rapporterait 6,9 % de rendement net. Cela montre l'importance de choisir des investissements à faible coût pour maximiser votre rendement net.

En résumé, comprendre les bases de l'investissement est crucial pour réussir financièrement. Cela comprend la compréhension du rendement et du risque, la diversification, l'horizon d'investissement, la liquidité et le coût des investissements. En comprenant ces concepts clés, vous serez mieux préparé pour prendre des décisions d'investissement éclairées qui vous aideront à atteindre vos objectifs financiers à long terme.

2. Évaluer les différentes options d'investissement

Évaluer les différentes options d'investissement est une étape cruciale dans la prise de décision en matière d'investissement. Cela permet aux investisseurs de déterminer le type d'investissement qui convient le mieux à leur profil de risque, à leurs objectifs financiers et à leur horizon de placement.

Les options d'investissement sont nombreuses et variées, chacune ayant ses avantages et ses inconvénients. Les investisseurs doivent donc prendre le temps de comprendre les caractéristiques de chaque option pour pouvoir faire un choix éclairé. Voici quelques options d'investissement courantes et les critères à prendre en compte pour les évaluer :

Actions

Les actions sont des titres de propriété dans une entreprise cotée en bourse. Les investisseurs peuvent acheter des actions individuelles ou investir dans des fonds communs de placement qui détiennent un portefeuille d'actions.

L'évaluation des actions nécessite une analyse fondamentale de l'entreprise, y compris ses états financiers, ses perspectives de croissance, sa position concurrentielle et sa stratégie de gestion. Les investisseurs doivent également évaluer le risque associé à l'investissement dans des actions, notamment en termes de volatilité et de risque de perte en capital.

Prenons l'exemple d'un investisseur qui souhaite investir dans une entreprise technologique en croissance. Il peut examiner les états financiers de l'entreprise pour déterminer sa rentabilité, sa croissance des revenus et sa position de trésorerie. Il peut également examiner les perspectives de croissance de l'industrie dans laquelle l'entreprise opère et la position de l'entreprise sur ce marché.

Enfin, il peut examiner le risque associé à l'investissement dans cette entreprise, notamment en termes de volatilité du cours de l'action et de risque de perte en capital.

Obligations

Les obligations sont des titres de créance émis par des gouvernements, des entreprises ou d'autres entités. Les investisseurs achètent des obligations pour percevoir des intérêts réguliers et pour récupérer leur investissement initial à l'échéance. L'évaluation des obligations nécessite une analyse de la solvabilité de l'émetteur, de la qualité de crédit de l'émetteur et des conditions du marché obligataire. Les investisseurs doivent également évaluer le risque associé à l'investissement dans des obligations, notamment en termes de risque de défaut de l'émetteur et de risque de taux d'intérêt.

Prenons l'exemple d'un investisseur qui souhaite investir dans des obligations d'entreprise. Il peut examiner les états financiers de l'entreprise pour déterminer sa solvabilité et sa capacité à rembourser ses dettes. Il peut également examiner la qualité de crédit de l'entreprise, en utilisant les notations de crédit fournies par des agences de notation indépendantes.

Enfin, il peut examiner les conditions du marché obligataire pour déterminer le rendement attendu de l'investissement et le risque de taux d'intérêt associé à l'investissement dans des obligations.

Les obligations sont des titres de créance émis par des entreprises ou des gouvernements qui offrent un rendement fixe. Les investisseurs peuvent acheter des obligations individuelles ou investir dans des fonds obligataires. Les obligations sont considérées comme des investissements plus sûrs que les actions, car elles offrent un rendement fixe et sont considérées comme moins volatiles. Cependant, les obligations présentent également des risques, notamment celui d'une hausse des taux d'intérêt, qui peut entraîner une baisse de la valeur de la dette à long terme.

Immobilier

Investir dans l'immobilier peut offrir un revenu passif stable grâce aux loyers perçus, ainsi que la possibilité de réaliser des plus-values à long terme grâce à l'appréciation de la valeur de la propriété. Cependant, l'investissement immobilier peut être coûteux et exigeant en temps, notamment pour la gestion locative et l'entretien de la propriété. Il est donc important de bien évaluer les coûts et les bénéfices avant de se lancer dans ce type d'investissement.

L'achat d'une propriété pour la louer peut générer des revenus locatifs réguliers ainsi qu'une plus-value à long terme si la propriété est revendue à un prix plus élevé. Cependant, l'investissement immobilier comporte également des risques tels que les frais de maintenance et de réparation, les fluctuations du marché immobilier et les problèmes de location.

Les fonds communs de placement sont une autre option d'investissement populaire. Ils permettent à plusieurs investisseurs de regrouper leur argent pour acheter un portefeuille diversifié d'actions, d'obligations et d'autres titres. Cela permet de réduire le risque lié à la détention d'une seule action ou obligation. Les fonds communs de placement sont également gérés par des professionnels de l'investissement, ce qui peut être bénéfique pour les investisseurs qui n'ont pas les connaissances nécessaires pour gérer leur propre portefeuille.

Les investisseurs peuvent également envisager l'investissement dans des matières premières telles que l'or, le pétrole et les produits agricoles. Les matières premières peuvent offrir une diversification supplémentaire pour le portefeuille d'un investisseur et peuvent être utilisées pour couvrir l'inflation. Cependant, les investissements dans les matières premières sont souvent plus risqués que les investissements traditionnels et peuvent être soumis à des fluctuations importantes du marché.

En somme, il est essentiel de prendre en compte plusieurs facteurs pour évaluer les différentes options d'investissement. Il est également important de ne pas se laisser guider par des promesses de rendements élevés sans faire les recherches nécessaires pour évaluer les risques et les perspectives de croissance à long terme.

De plus, il est recommandé de diversifier ses investissements pour minimiser les risques et maximiser les rendements potentiels. En diversifiant, vous pouvez répartir votre argent sur différentes classes d'actifs telles que les actions, les obligations, l'immobilier et les matières premières. Cela vous permet de réduire les risques de perte en cas de baisse d'un secteur et de maximiser les rendements potentiels en cas de hausse.

Il est également important de prendre en compte votre profil de risque personnel lors de l'évaluation des options d'investissement. Si vous êtes un investisseur conservateur, vous pouvez privilégier des investissements à faible risque tels que les obligations gouvernementales ou les fonds communs de placement à capital garanti. Si vous êtes un investisseur plus agressif, vous pouvez opter pour des actions ou des investissements alternatifs tels que l'immobilier ou les matières premières.

Enfin, il est recommandé de suivre régulièrement vos investissements et de les ajuster en fonction des évolutions du marché et de votre situation financière personnelle. Il est également important de ne pas paniquer en cas de volatilité du marché et de ne pas vendre vos investissements à la première baisse de valeur. Une vision à long terme peut aider à minimiser les risques et à maximiser les rendements potentiels.

En conclusion, l'évaluation des différentes options d'investissement est un élément clé de la planification financière et peut aider à maximiser les rendements potentiels tout en minimisant les risques. Il est important de prendre en compte les facteurs tels que les risques, les perspectives de croissance à long terme, la diversification et votre profil de risque personnel pour prendre des décisions éclairées. En suivant régulièrement vos investissements et en les ajustant en fonction de l'évolution du marché et de votre situation personnelle, vous pouvez atteindre vos objectifs financiers à long terme.

3. Élaborer une stratégie d'investissement efficace

Élaborer une stratégie d'investissement efficace est une étape cruciale pour atteindre la réussite financière. Cela implique de choisir les bons investissements et de les gérer efficacement dans le temps. Voici quelques étapes clés pour élaborer une stratégie d'investissement efficace.

a) Définir ses objectifs d'investissement

Avant de commencer à investir, il est important de définir clairement ses objectifs d'investissement. Voulez-vous investir pour la retraite, pour acheter une maison ou pour les études de vos enfants ? Voulez-vous investir pour générer un revenu ou pour la croissance à long terme ? La définition de vos objectifs vous aidera à déterminer le type d'investissement qui convient le mieux à votre situation.

Par exemple, si votre objectif est d'investir pour la retraite, vous pouvez envisager des investissements à long terme tels que des actions ou des fonds indiciels. Si vous cherchez à générer un revenu régulier, vous pouvez envisager des investissements tels que les obligations ou les actions qui versent des dividendes.

b) Évaluer sa tolérance au risque

Votre tolérance au risque est un facteur important à considérer lors de l'élaboration de votre stratégie d'investissement. En général, les investissements plus risqués ont un potentiel de rendement plus élevé, mais aussi un potentiel de perte plus élevé. Si vous êtes à l'aise avec le risque, vous pouvez envisager des investissements plus risqués tels que des actions. Si vous préférez des investissements plus sûrs, vous pouvez vous tourner vers des obligations ou des fonds communs de placement.

c) Diversifier son portefeuille

La diversification est une stratégie d'investissement essentielle qui consiste à répartir votre argent entre différents types d'investissements afin de minimiser le risque global de votre portefeuille. En investissant dans une variété de titres, tels que des actions, des obligations, des fonds communs de placement et des produits dérivés, vous pouvez minimiser le risque de perdre de l'argent en raison d'une baisse de valeur d'un seul titre.

Par exemple, si vous investissez uniquement dans des actions technologiques, votre portefeuille sera exposé à des risques spécifiques à ce secteur. Si les actions technologiques subissent une baisse de valeur, votre portefeuille en souffrira. Cependant, si vous avez également investi dans des obligations et des fonds communs de placement, cela peut aider à atténuer l'impact d'une baisse de valeur des actions technologiques.

d) Gérer activement son portefeuille

Il est important de gérer activement votre portefeuille pour maximiser les rendements et minimiser les risques. Cela implique de surveiller régulièrement les performances de vos investissements et de prendre des décisions en fonction des changements du marché et de votre situation financière.

Après avoir élaboré une stratégie d'investissement efficace, il est important de la suivre avec discipline et de réévaluer régulièrement ses investissements pour s'assurer qu'ils restent alignés sur ses objectifs financiers à long terme.

Il est également essentiel de comprendre les risques associés à chaque option d'investissement et de les prendre en compte dans la planification de sa stratégie d'investissement. Par exemple, les actions peuvent offrir un rendement potentiellement élevé, mais elles sont également plus risquées que les obligations.

D'un autre côté, les obligations peuvent offrir une sécurité plus importante, mais elles ont un potentiel de rendement plus faible.

En fin de compte, il est important de trouver le bon équilibre entre le risque et le rendement en fonction de son profil d'investisseur, de ses objectifs financiers et de son horizon temporel.

En résumé, élaborer une stratégie d'investissement efficace nécessite une compréhension approfondie des options d'investissement disponibles, une évaluation soigneuse des risques et une planification rigoureuse pour atteindre ses objectifs financiers à long terme. En suivant une telle approche, les investisseurs peuvent maximiser leurs chances de réussite financière tout en minimisant les risques associés à l'investissement.

Chapitre 4

L'entrepreneuriat

1. Comprendre les avantages et les défis de l'entrepreneuriat

L'entrepreneuriat est une voie passionnante pour les personnes qui cherchent à devenir leur propre patron et à réaliser leur propre vision. Cependant, cette voie est également associée à des risques et des défis qui nécessitent une préparation adéquate pour surmonter les obstacles et réussir.

Dans ce chapitre, nous allons examiner les avantages et les défis de l'entrepreneuriat et ce qu'il faut pour réussir en tant qu'entrepreneur. Nous allons également examiner comment les entrepreneurs peuvent se préparer à ces défis pour réussir à long terme.

a) Avantages de l'entrepreneuriat

L'entrepreneuriat offre de nombreux avantages qui attirent les personnes qui cherchent à démarrer leur propre entreprise. Voici quelques-uns des avantages clés de l'entrepreneuriat :

Indépendance

L'un des avantages les plus attrayants est l'indépendance qu'il offre. Les entrepreneurs peuvent prendre leurs propres décisions et travailler selon leurs propres horaires, ce qui peut être très libérateur pour les personnes qui cherchent à avoir plus de contrôle sur leur vie professionnelle.

Possibilité de réaliser une passion

L'entrepreneuriat peut offrir une opportunité de réaliser une passion ou un rêve personnel. Les entrepreneurs peuvent créer une entreprise qui répond à un besoin ou à une passion personnelle, ce qui peut être très gratifiant et motivant.

Potentiel de gains élevés

Les entrepreneurs ont la possibilité de générer des revenus élevés grâce à leur entreprise. Les entrepreneurs peuvent profiter des avantages financiers de leur entreprise en fonction de leur réussite et de leur croissance.

Autonomie

Les entrepreneurs peuvent définir leur propre culture d'entreprise, leurs valeurs et leur mission. Ils peuvent créer une entreprise qui reflète leur propre vision et travailler avec des employés qui partagent leurs idéaux.

Impact sur la communauté

Les entrepreneurs peuvent avoir un impact positif sur leur communauté en créant des emplois, en fournissant des biens et services nécessaires, et en soutenant des initiatives locales.

b) Défis de l'entrepreneuriat

Bien que l'entrepreneuriat offre de nombreux avantages, il est également associé à des défis qui doivent être pris en compte pour réussir.

Voici quelques-uns des défis clés de l'entrepreneuriat :

La gestion du temps

En tant qu'entrepreneur, vous serez responsable de toutes les tâches liées à votre entreprise, de la planification stratégique à la gestion quotidienne. Cela signifie que vous devrez être capable de gérer efficacement votre temps pour accomplir toutes les tâches nécessaires. Il est courant que les entrepreneurs travaillent de longues heures et qu'ils aient une charge de travail importante. Il est important de maintenir un équilibre entre vie professionnelle et vie privée pour éviter l'épuisement professionnel.

L'incertitude financière

En tant qu'entrepreneur, vous êtes responsable de votre propre revenu. Il est possible que votre entreprise ne génère pas immédiatement des profits, ce qui peut entraîner une incertitude financière. Vous devrez être en mesure de gérer votre budget personnel et professionnel de manière efficace, ainsi que de trouver des sources de financement pour votre entreprise.

La concurrence

Dans la plupart des industries, la concurrence est féroce. Vous devrez être en mesure de vous démarquer de vos concurrents en offrant des produits ou des services uniques, en étant plus efficace, ou en trouvant d'autres moyens pour vous différencier. Il est important de rester informé sur les tendances de l'industrie et d'adapter votre entreprise en conséquence.

La gestion des risques

L'entrepreneuriat comporte un certain niveau de risque. Vous devrez être capable de prendre des décisions importantes en matière de risque, par exemple en investissant des fonds dans votre entreprise, en embauchant des employés ou en étendant votre entreprise. Il est important de minimiser les risques grâce à une planification stratégique efficace et à une analyse minutieuse de tous les facteurs.

La solitude

En tant qu'entrepreneur, vous pourriez vous sentir isolé. Vous n'aurez pas nécessairement de collègues avec qui discuter de vos projets ou de vos problèmes. Il est important de trouver un réseau de soutien, que ce soit par le biais de groupes de mentorat, d'associations d'entrepreneurs ou de collègues de l'industrie.

En conclusion, l'entrepreneuriat peut être une expérience enrichissante et stimulante, mais cela ne signifie pas qu'elle convient à tout le monde. Il est important de comprendre les avantages et les défis de l'entrepreneuriat avant de se lancer. Avec une planification stratégique efficace et un soutien adéquat, vous pouvez réussir dans le monde de l'entrepreneuriat.

2. Les étapes clés pour lancer une entreprise réussie

Lancer une entreprise réussie peut sembler intimidant, mais c'est une étape essentielle pour ceux qui souhaitent devenir des entrepreneurs. Bien que chaque entreprise soit différente, il existe des étapes clés que tout entrepreneur doit suivre pour lancer une entreprise avec succès. Dans ce chapitre, nous allons passer en revue les étapes clés pour lancer une entreprise réussie.

a) Trouver une idée d'entreprise

Trouver une idée d'entreprise peut être le premier obstacle à surmonter lorsque l'on envisage de lancer sa propre entreprise. Il est important de trouver une idée qui soit à la fois unique et qui réponde à un besoin sur le marché. Voici quelques étapes pour trouver une idée d'entreprise :

Analyser le marché

Avant de se lancer dans la recherche d'une idée d'entreprise, il est important de comprendre le marché et les besoins des clients. Il faut examiner les tendances du marché, les produits ou services actuellement proposés, les lacunes dans l'offre et les opportunités émergentes. Une fois que vous avez identifié les besoins insatisfaits des clients, vous pouvez envisager de créer un produit ou un service qui répond à ces besoins.

Évaluer ses passions et ses compétences

Pour trouver une idée d'entreprise qui vous convient, il est important de prendre en compte vos propres passions et compétences. Si vous êtes passionné par un domaine en particulier, vous pourriez envisager de créer une entreprise qui y est liée.

Trouver une niche

Pour éviter la concurrence directe, il peut être intéressant de trouver une niche sur le marché. Cela implique de se concentrer sur un segment de marché spécifique et de développer un produit ou un service qui répond à ses besoins spécifiques. Trouver une niche peut permettre de se démarquer des concurrents et de se concentrer sur un marché plus facilement accessible.

Identifier les tendances

Il est important de rester à l'affût des tendances émergentes dans différents secteurs. Les innovations technologiques, les changements démographiques et les évolutions sociales peuvent tous avoir un impact sur le marché et créer de nouvelles opportunités pour les entrepreneurs. En étant attentif aux tendances, vous pourriez être en mesure de trouver une idée d'entreprise qui répond aux besoins futurs du marché.

Effectuer des recherches de marché : Pour valider une idée d'entreprise, il est important de réaliser des recherches de marché. Cela implique de mener des études de marché pour évaluer la demande potentielle pour votre produit ou service, de comprendre les comportements d'achat des consommateurs et de se faire une idée du paysage concurrentiel. Les recherches de marché peuvent aider à éviter les idées d'entreprise qui ne sont pas viables ou qui ne répondent pas aux besoins du marché.

En somme, trouver une idée d'entreprise est une étape importante pour tout entrepreneur en herbe. Il est important de prendre le temps d'analyser le marché, de comprendre les besoins des clients, d'évaluer ses passions et compétences, de trouver une niche et d'identifier les tendances émergentes. Une fois que vous avez trouvé une idée d'entreprise, il est essentiel de réaliser des recherches de marché pour valider sa viabilité avant de se lancer.

b) Faire une étude de marché

La deuxième étape clé pour lancer une entreprise réussie est de faire une étude de marché approfondie. Cette étape cruciale permet d'identifier les opportunités et les défis potentiels de l'entreprise. Elle permet également de mieux comprendre les besoins et les attentes des clients et les tendances du marché.

L'étude de marché peut être divisée en deux parties : la recherche primaire et la recherche secondaire. La recherche primaire consiste à collecter des données directement auprès des clients et des prospects. Cela peut se faire par le biais de sondages, d'entrevues, de groupes de discussion et d'autres méthodes de recherche qualitative. La recherche secondaire, quant à elle, consiste à recueillir des données auprès de sources externes telles que les rapports gouvernementaux, les études de marché et les publications spécialisées.

Pour réaliser une étude de marché efficace, il est important de se concentrer sur les aspects suivants :

L'analyse de la concurrence

Il est essentiel de comprendre la concurrence et de savoir comment elle fonctionne. Il faut connaître les produits et services offerts par les concurrents, leur stratégie de marketing et leur positionnement sur le marché. L'objectif est de trouver un créneau inoccupé ou une opportunité non exploitée par la concurrence.

La compréhension du marché cible

Il est important de comprendre les besoins et les attentes des clients potentiels. Cela implique d'identifier le marché cible, c'est-à-dire le groupe de personnes qui sont susceptibles d'acheter vos produits ou services. Il est également important de connaître leur comportement d'achat, leurs préférences et leurs habitudes de consommation.

La détermination de la taille du marché

Il est important de comprendre la taille du marché pour déterminer le potentiel de croissance de l'entreprise. Il faut estimer la taille du marché et la part de marché que l'entreprise peut raisonnablement atteindre. Cette information est également importante pour déterminer les prix et la stratégie de marketing.

L'évaluation des tendances du marché

Il est essentiel de comprendre les tendances actuelles et futures du marché. Cela permet d'identifier les opportunités et les menaces potentielles pour l'entreprise. Il est également important de comprendre comment les tendances peuvent influencer les choix des clients et les décisions d'achat.

La collecte de données financières

Il est important de collecter des données financières pour évaluer la viabilité financière de l'entreprise. Cela implique d'estimer les coûts de production, les prix de vente, les marges bénéficiaires et les coûts de marketing. Il est également important de prévoir les flux de trésorerie et de déterminer le point mort de l'entreprise.

Une étude de marché approfondie peut prendre du temps et des ressources, mais elle est essentielle pour réussir dans l'entrepreneuriat. Elle permet d'identifier les opportunités et les défis potentiels de l'entreprise et de déterminer la meilleure stratégie pour réussir sur le marché. En fin de compte, une étude de marché bien réalisée peut aider à minimiser les risques et à maximiser les chances de réussite de l'entreprise.

c) Rédiger un plan d'affaires solide

La rédaction d'un plan d'affaires solide est essentielle pour tout entrepreneur souhaitant créer une entreprise réussie. Un plan d'affaires est un document complet qui décrit tous les aspects d'une entreprise, y compris sa mission, ses objectifs, sa structure organisationnelle, ses produits ou services, ses clients, ses concurrents, son marketing, ses finances et ses projections financières.

Voici les étapes clés pour rédiger un plan d'affaires solide :

Commencez par une page de couverture professionnelle. La première impression est importante. La page de couverture doit être professionnelle et donner une idée de ce que votre entreprise représente.

Rédigez une introduction détaillée

La section d'introduction doit fournir une description détaillée de l'entreprise, de ses produits ou services, de ses clients cibles et de sa mission.

Effectuez une analyse de marché

Une analyse de marché approfondie est essentielle pour comprendre le marché dans lequel vous souhaitez entrer.

Cette section doit fournir des informations sur le marché cible, les concurrents, les tendances du marché, les clients, les fournisseurs et les barrières à l'entrée.

On va prendre un exemple pour cette sectrion et faire l'analyse de marché pour une entreprise de cupcakes:

Le marché des cupcakes est en croissance constante depuis plusieurs années. Selon une étude récente, le marché des cupcakes aux États-Unis devrait atteindre 1,2 milliard de dollars d'ici 2025, avec une croissance annuelle composée de 7,2 % entre 2020 et 2025.

Le marché des cupcakes peut être segmenté en fonction de différents critères, tels que le type de clientèle, le lieu de vente, les ingrédients, etc. Les segments les plus populaires incluent les cupcakes pour les fêtes d'anniversaire, les cupcakes pour les mariages, les cupcakes vendus dans les boulangeries, les cupcakes vendus dans les épiceries, etc.

Les principaux concurrents de l'entreprise de cupcakes sont les boulangeries locales et les supermarchés. Cependant, il y a une tendance croissante pour les entreprises de cupcakes spécialisées qui offrent des saveurs et des designs uniques.

Les tendances du marché pour les cupcakes incluent des saveurs plus exotiques et des designs personnalisés pour les événements spéciaux. Les cupcakes sans gluten et les cupcakes végétaliens sont également de plus en plus populaires.

Les facteurs clés de succès sur le marché des cupcakes comprennent la qualité, la saveur, le design, le prix, la facilité d'utilisation, la promotion efficace, etc. Les entreprises qui peuvent offrir une combinaison réussie de ces facteurs auront un avantage compétitif sur le marché.

En conclusion, l'analyse de marché pour une entreprise de cupcakes montre un marché en croissance avec des concurrents locaux et des tendances qui évoluent rapidement. Cependant, il y a encore de nombreuses opportunités pour celles qui peuvent offrir des produits uniques et répondre aux besoins des consommateurs en termes de qualité, de saveur, de design et de prix.

Décrivez les produits ou services de l'entreprise

Dans cette section, vous devez fournir une description détaillée de vos produits ou services. Expliquez comment ils sont différents de ceux des concurrents et pourquoi les clients devraient les acheter.

Présentez votre plan marketing

La section marketing doit expliquer comment vous allez commercialiser vos produits ou services, comment vous allez atteindre vos clients cibles et comment vous allez différencier votre entreprise des concurrents.

Faites une présentation de votre équipe

Dans cette section, vous devez présenter les membres de votre équipe et leur expérience professionnelle. Cela aidera les investisseurs à comprendre la capacité de votre entreprise à réussir.

Établissez un plan financier

La section financière est l'une des sections les plus importantes du plan d'affaires. Elle doit inclure les états financiers projetés pour les trois à cinq prochaines années, y compris le compte de résultat, le bilan et le flux de trésorerie.

Faites une conclusion

La conclusion doit résumer les points clés du plan d'affaires et expliquer pourquoi votre entreprise est une opportunité d'investissement attrayante.

Il est important de noter que la rédaction d'un plan d'affaires peut être un processus long et difficile. Cependant, c'est un investissement important dans l'avenir de votre entreprise. Un plan d'affaires solide peut aider à convaincre les investisseurs potentiels que votre entreprise est une opportunité d'investissement viable.

d) Obtenir du financement

Obtenir du financement est une étape cruciale pour tout entrepreneur qui souhaite lancer une entreprise. Il peut être difficile de trouver suffisamment de financement pour transformer une idée en réalité, mais il est essentiel de disposer de suffisamment de fonds pour couvrir les coûts de démarrage de l'entreprise et pour la faire croître. Voici quelques options de financement pour les entrepreneurs :

Le financement participatif

Le financement participatif est une option de financement relativement nouvelle qui a gagné en popularité ces dernières années. Les sites de financement participatif, tels que Kickstarter et Indiegogo, permettent aux entrepreneurs de solliciter des fonds auprès d'un grand nombre de personnes en proposant des incitations pour les dons, comme des produits gratuits ou des réductions sur les achats futurs. Cette méthode peut être très efficace pour les projets qui ont un attrait pour le grand public.

Oculus VR, une entreprise de réalité virtuelle, a lancé une campagne Kickstarter en 2012 qui a permis de lever plus de 2,4 millions de dollars pour son casque de réalité virtuelle.

La startup française Frichti a levé 12,7 millions d'euros en crowdfunding pour financer son service de livraison de repas à domicile.

Le capital-risque

Les investisseurs en capital-risque sont des personnes ou des sociétés qui investissent des fonds dans des entreprises en échange d'une participation dans l'entreprise et d'un retour sur investissement. Les investisseurs en capital-risque peuvent fournir des sommes importantes d'argent et peuvent également offrir une expertise et des conseils précieux aux entrepreneurs. Cependant, cette option de financement est souvent réservée aux entreprises en phase de croissance rapide qui ont un fort potentiel de rendement.

Les prêts bancaires

Les prêts bancaires sont une option de financement traditionnelle pour les entrepreneurs. Les prêts peuvent être à court terme ou à long terme et peuvent être garantis ou non garantis. Les prêts garantis nécessitent souvent que l'entrepreneur fournisse une garantie, comme un bien immobilier, en cas de non-remboursement du prêt. Les prêts non garantis ne nécessitent pas de garantie, mais peuvent être plus difficiles à obtenir.

Le capital de démarrage

Le capital de démarrage est un financement fourni par des investisseurs qui sont intéressés par l'entreprise, mais qui ne sont pas encore prêts à investir dans l'entreprise en tant que partenaires. Ce financement peut être utilisé pour couvrir les coûts de démarrage, comme l'achat de matériel, l'embauche de personnel et la location de locaux.

Les subventions

Les subventions sont des fonds accordés par le gouvernement ou d'autres organisations à des entreprises qui remplissent certains critères. Les subventions peuvent être utilisées pour couvrir les coûts de recherche et de développement, pour créer des emplois ou pour soutenir des projets qui ont un impact social ou environnemental positif. Les subventions peuvent être très utiles pour les entrepreneurs qui ont des idées novatrices mais qui ont du mal à obtenir du financement de sources traditionnelles.

La société américaine de biotechnologie Moderna a reçu un financement de 483 millions de dollars du gouvernement américain pour développer un vaccin contre le COVID-19.

La startup israélienne de reconnaissance faciale AnyVision a reçu une subvention de 2,6 millions de dollars de la Commission européenne pour développer sa technologie.

Il est important de noter que chaque option de financement a ses avantages et ses inconvénients. Les entrepreneurs doivent évaluer les différents types de financement disponibles et déterminer celui qui convient le mieux à leur entreprise et à leurs besoins spécifiques.

e) Choisir une structure d'entreprise appropriée

Le choix de la structure d'entreprise est une étape essentielle dans le processus de lancement d'une entreprise réussie. Cela détermine la manière dont l'entreprise sera structurée, gérée et imposée. Il existe plusieurs types de structures d'entreprise, chacune ayant ses avantages et ses inconvénients. Il est important de comprendre les différentes options pour choisir celle qui convient le mieux à votre entreprise.

Entreprise individuelle :

Une entreprise individuelle est la forme la plus simple d'entreprise. Elle est dirigée et contrôlée par une seule personne, qui est responsable de toutes les activités de l'entreprise. L'entreprise individuelle est facile à créer et à gérer, mais elle peut ne pas être la meilleure option pour les entreprises qui ont des ambitions de croissance importantes, car elle est limitée en termes de capacité d'emprunt et de levée de fonds.

Société en nom collectif :

Une société en nom collectif est une entreprise composée de deux personnes ou plus qui ont des responsabilités et des droits égaux dans la gestion et les bénéfices de l'entreprise. Cette forme d'entreprise est généralement utilisée par les professionnels qui souhaitent travailler ensemble, tels que les avocats, les comptables et les architectes. Elle peut offrir plus de flexibilité que l'entreprise individuelle, mais elle est également plus complexe et peut entraîner des conflits si les partenaires ne sont pas d'accord sur la gestion de l'entreprise.

Société à responsabilité limitée (SARL) :

La SARL est une forme d'entreprise qui permet aux propriétaires de l'entreprise de bénéficier de la responsabilité limitée. Cela signifie que les propriétaires ne sont responsables des dettes de l'entreprise que dans la mesure de leur investissement initial. Cette structure est souvent préférée par les entreprises qui ont besoin de levées de fonds importantes, car elle permet d'attirer des investisseurs tout en limitant leur responsabilité.

Société anonyme (SA) :

Une société anonyme est une forme d'entreprise qui est généralement utilisée pour les grandes entreprises qui ont besoin de levées de fonds importantes. Elle est structurée en actions qui peuvent être achetées et vendues par des investisseurs. Les propriétaires de l'entreprise ne sont pas responsables des dettes de l'entreprise au-delà de leur investissement initial, ce qui en fait une structure attrayante pour les investisseurs. Cependant, cette forme d'entreprise est plus complexe et réglementée que les autres options.

Coopérative :

Une coopérative est une forme d'entreprise détenue et gérée par ses membres, qui sont généralement des travailleurs ou des clients de l'entreprise. Elle est souvent utilisée pour les entreprises qui ont des valeurs sociales ou environnementales importantes. Les membres ont des droits de vote égaux dans la gestion de l'entreprise, et les bénéfices sont distribués de manière équitable entre les membres.

Le choix de la structure d'entreprise appropriée dépendra des besoins et des objectifs de votre entreprise. Il est important de consulter un conseiller juridique ou un comptable pour vous aider à choisir la structure la plus appropriée et à vous conformer aux réglementations locales et nationales.

f) Mettre en place une équipe solide

La réussite d'une entreprise ne dépend pas seulement de son idée et de son financement, mais aussi de l'équipe qui la dirige. C'est pourquoi il est essentiel de mettre en place une équipe solide dès le départ.

Le choix des membres de l'équipe doit être réfléchi et stratégique. Il est important de trouver des personnes qui ont les compétences et l'expérience nécessaires pour faire avancer l'entreprise. Cela peut inclure des personnes ayant une expérience spécifique dans l'industrie dans laquelle l'entreprise évolue, des personnes ayant une expérience en gestion ou en marketing, ou des personnes ayant des compétences techniques spécifiques.

Outre les compétences et l'expérience, il est également important que les membres de l'équipe partagent la vision et les valeurs de l'entreprise. Cela aidera à assurer une cohésion et une motivation dans l'équipe, ce qui est essentiel pour faire face aux défis qui se posent lors de la création et de la gestion d'une entreprise.

Il est également important de mettre en place une culture d'entreprise positive dès le début. Cela peut inclure des éléments tels que des politiques de travail flexibles, des avantages sociaux attrayants, une communication ouverte et transparente, et une reconnaissance et une récompense pour les réussites de l'équipe.

Un bon moyen de trouver les membres de l'équipe appropriés est de réseauter dans l'industrie, d'utiliser des sites de recrutement en ligne ou de travailler avec des cabinets de recrutement professionnels. Il est également important de bien gérer le processus d'entrevue et de sélection pour s'assurer que les meilleurs candidats sont choisis.

En résumé, mettre en place une équipe solide est essentiel pour la réussite d'une entreprise. Cela nécessite de trouver des membres d'équipe ayant les compétences et l'expérience nécessaires, de partager la vision et les valeurs de l'entreprise, et de mettre en place une culture d'entreprise positive. Il est important de consacrer du temps et des efforts à ce processus pour s'assurer que l'entreprise dispose de la meilleure équipe possible pour atteindre ses objectifs.

g)   Lancer votre entreprise

Le lancement d'une entreprise peut être une période stressante et excitante. Il est important de se rappeler que même si vous avez effectué toutes les étapes précédentes, le succès n'est jamais garanti. Cependant, il existe des étapes clés que vous pouvez suivre pour augmenter vos chances de succès.

Vous devez élaborer un plan de lancement. Ce plan devrait inclure des objectifs clairs pour votre entreprise, un calendrier détaillé des activités de lancement et un budget prévisionnel pour couvrir les coûts de lancement.

Il est également important de créer une stratégie de marketing efficace pour votre entreprise. Cela peut inclure la mise en place d'un site web et de comptes de réseaux sociaux, l'organisation d'événements de lancement, la publication d'annonces dans les médias locaux et la création de relations avec des influenceurs et des partenaires potentiels.

Enfin, vous devez rester flexible et prêt à apporter des modifications à votre plan si nécessaire. Il est possible que certaines de vos stratégies de lancement ne fonctionnent pas comme prévu et que vous deviez ajuster votre approche en conséquence.

Il est important de noter que le lancement d'une entreprise est une étape importante, mais ce n'est que le début du voyage. Il sera nécessaire de continuer à travailler dur pour maintenir votre entreprise et la faire croître au fil du temps.

Un bon exemple de lancement réussi est celui de Airbnb. Les fondateurs de l'entreprise ont commencé par louer un matelas gonflable dans leur appartement pour aider à payer le loyer. Ensuite, ils ont étendu leur entreprise en créant une plateforme en ligne pour permettre aux gens de louer des chambres chez l'habitant. Ils ont travaillé dur pour développer leur entreprise, établir des partenariats et acquérir des utilisateurs, ce qui leur a permis de devenir une entreprise de plusieurs milliards de dollars.

3. Les stratégies pour faire croître une entreprise prospère

Pour faire croître une entreprise prospère, il est important d'avoir une stratégie solide qui soit en phase avec les objectifs et la vision de l'entreprise. Il est également essentiel de prendre en compte les défis et les opportunités qui se présentent sur le marché, ainsi que les changements dans les tendances et les comportements des consommateurs. Dans cette section, nous allons explorer les différentes stratégies qui peuvent être mises en place pour faire croître une entreprise prospère.

a) Stratégie de diversification des produits et des services

La stratégie de diversification des produits et des services est un moyen pour une entreprise de se développer en proposant de nouveaux produits ou services sur le marché. Cela peut être un moyen pour une entreprise de se diversifier et d'attirer de nouveaux clients tout en augmentant ses revenus. Cette stratégie peut être mise en place de différentes manières, comme la diversification connexe ou la diversification non connexe.

La diversification connexe est lorsque l'entreprise étend ses activités en proposant des produits ou services liés à son activité principale. Par exemple, une entreprise qui vend des ordinateurs peut se diversifier en proposant des accessoires informatiques ou des services de réparation. Cette stratégie permet à l'entreprise d'utiliser son savoir-faire et ses compétences pour se diversifier, tout en restant dans son domaine d'expertise.

La diversification non connexe, en revanche, est lorsque l'entreprise propose des produits ou services qui n'ont rien à voir avec son activité principale. Par exemple, une entreprise qui vend des ordinateurs peut se diversifier en proposant des produits de beauté. Cette stratégie est plus risquée car elle implique que l'entreprise doit acquérir de nouvelles compétences et de nouveaux savoir-faire pour proposer des produits ou services différents de ceux qu'elle connaît déjà.

Pour mettre en place une stratégie de diversification des produits et des services, il est important que l'entreprise effectue une analyse de marché approfondie pour identifier les besoins des clients et les opportunités de croissance. Il est également important de déterminer les compétences et les ressources nécessaires pour développer les nouveaux produits ou services.

Une entreprise peut également utiliser la stratégie de diversification pour se protéger contre les risques liés à la dépendance à un seul produit ou service. Si l'entreprise ne se diversifie pas, elle est susceptible de subir des pertes importantes si son produit ou service principal perd en popularité ou si elle doit faire face à une concurrence accrue.

Cependant, la stratégie de diversification peut également présenter des défis. Elle peut être coûteuse en termes de temps et de ressources, et il est possible que les nouveaux produits ou services ne soient pas aussi bien accueillis que prévu sur le marché. Il est donc important pour l'entreprise de prendre le temps d'effectuer une analyse approfondie avant de se lancer dans la diversification.

Amazon, le géant du commerce électronique, est un exemple emblématique d'entreprise ayant utilisé avec succès cette stratégie pour devenir l'une des plus grandes entreprises au monde.

Amazon a commencé comme une simple librairie en ligne en 1994, mais a rapidement étendu son offre de produits et de services pour inclure des livres électroniques, de la musique, des films, des produits électroniques, des vêtements et bien plus encore. La société a également élargi ses activités pour inclure le cloud computing, la production de contenu, la livraison de produits alimentaires et la création de ses propres appareils électroniques, tels que les tablettes Kindle et les haut-parleurs Echo.

La stratégie de diversification d'Amazon a été très réussie, car elle a permis à l'entreprise de répondre aux besoins et aux préférences de différents types de clients, tout en créant de nouvelles sources de revenus et en améliorant sa position sur le marché. Par exemple, l'introduction du programme Amazon Prime a permis à l'entreprise de fidéliser les clients grâce à la livraison gratuite et rapide, tout en encourageant les achats récurrents. Amazon a également investi massivement dans le développement de son propre contenu pour la télévision et les films, ce qui lui a permis de concurrencer les sociétés de production traditionnelles.

Cependant, la stratégie de diversification des produits et des services comporte également des risques. Il est important que les entreprises ne s'étendent pas trop rapidement et ne perdent pas de vue leur mission principale ou leur positionnement sur le marché. Par exemple, lorsque Amazon a tenté de concurrencer directement les détaillants traditionnels en ouvrant des magasins physiques, certains experts ont émis des doutes sur cette décision. La société a également dû faire face à des défis réglementaires et à des problèmes de sécurité avec certains de ses produits électroniques, tels que les caméras de sécurité domestiques Ring.

En fin de compte, la stratégie de diversification des produits et des services est une méthode efficace pour les entreprises qui cherchent à croître et à s'adapter aux besoins changeants des clients et du marché. Amazon a été un exemple frappant de la réussite de cette stratégie, tout en étant conscient des risques et des défis inhérents à la diversification.

b) Stratégie de pénétration de marché

La stratégie de pénétration de marché est un moyen pour une entreprise de stimuler la croissance en augmentant sa part de marché dans son secteur d'activité. Cette stratégie consiste à vendre davantage de produits ou services existants sur un marché existant. L'objectif est de convaincre les clients actuels d'acheter plus, plutôt que de chercher à attirer de nouveaux clients.

Il existe plusieurs tactiques pour mettre en œuvre une stratégie de pénétration de marché.

Voici quelques exemples

Réduire les prix : en réduisant les prix de ses produits ou services, une entreprise peut stimuler la demande et attirer de nouveaux clients. Cette tactique peut également inciter les clients existants à acheter plus.

Introduire des offres promotionnelles : une entreprise peut proposer des offres promotionnelles, comme des remises, des cadeaux ou des programmes de fidélité, pour encourager les clients à acheter plus ou plus souvent.

Améliorer la qualité : en améliorant la qualité de ses produits ou services, une entreprise peut augmenter la satisfaction des clients et les inciter à acheter plus.

Élargir la distribution : en augmentant le nombre de points de vente ou en proposant ses produits ou services sur de nouveaux canaux de vente, une entreprise peut toucher un public plus large et augmenter ses ventes.

Lancer de nouveaux produits ou services : en proposant de nouveaux produits ou services complémentaires à ceux déjà proposés, une entreprise peut stimuler les ventes et encourager les clients existants à acheter plus.

Un exemple de stratégie de pénétration de marché réussie est celle de McDonald's.

McDonald's est connu pour être l'un des plus grands géants de la restauration rapide dans le monde. La société a réussi à devenir un leader dans l'industrie en utilisant diverses stratégies de marketing, notamment la stratégie de pénétration de marché.

La stratégie de pénétration de marché consiste à vendre davantage de produits existants dans un marché existant. McDonald's a utilisé cette stratégie en augmentant ses parts de marché en offrant des produits existants à un prix attractif pour attirer les clients existants ainsi que les nouveaux clients.

L'un des exemples les plus célèbres de la stratégie de pénétration de marché réussie de McDonald's est son offre de "Menu du jour". Le "Menu du jour" était une offre qui permettait aux clients d'obtenir un repas complet à un prix avantageux. Cette offre a été introduite pour encourager les clients à acheter des repas complets au lieu de juste des sandwiches ou des boissons.

McDonald's a également utilisé des campagnes publicitaires agressives pour attirer les clients dans ses restaurants. Les publicités mettaient en avant les avantages des produits de McDonald's, comme le goût, le prix et la qualité. De plus, la société a élargi sa gamme de produits en offrant des options végétariennes et des menus plus sains pour répondre à la demande croissante des clients soucieux de leur santé.

En outre, McDonald's a utilisé des promotions pour encourager les clients à essayer ses nouveaux produits. Par exemple, la société a offert des coupons de réduction pour ses nouveaux burgers ou des boissons gratuites pour inciter les clients à acheter ses produits.

En résumé, la stratégie de pénétration de marché de McDonald's a réussi à augmenter ses parts de marché en offrant des produits existants à un prix attractif, en utilisant des campagnes publicitaires agressives et en élargissant sa gamme de produits. Cette stratégie a permis à la société de maintenir sa position de leader dans l'industrie de la restauration rapide.

Cependant, il convient de noter que la stratégie de pénétration de marché peut être difficile à mettre en œuvre si le marché est déjà saturé ou si la concurrence est intense. Il est donc important de bien évaluer la situation du marché avant de choisir cette stratégie.

c) Stratégie de partenariat et d'alliances

La stratégie de partenariat et d'alliances est une stratégie d'entreprise qui consiste à former des partenariats avec d'autres entreprises afin de créer des avantages mutuels. Les partenariats et les alliances peuvent prendre différentes formes, comme la coopération en matière de recherche et développement, la co-commercialisation de produits, la distribution conjointe, l'acquisition de nouveaux marchés, etc. Cette stratégie permet aux entreprises de bénéficier de la force et de la capacité de production de leurs partenaires, ainsi que d'accéder à de nouveaux marchés, de partager les risques et les coûts, et de renforcer leur position concurrentielle.

Il existe plusieurs raisons pour lesquelles les entreprises choisissent d'adopter une stratégie de partenariat et d'alliances. Tout d'abord, cela permet de partager les coûts et les risques. Deuxièmement, cela permet d'accéder à de nouveaux marchés et de renforcer la position concurrentielle de l'entreprise.

Troisièmement, cela permet de bénéficier de la force et de la capacité de production de ses partenaires. Enfin, cela permet d'acquérir des connaissances et des compétences supplémentaires grâce à la coopération en matière de recherche et développement.

En outre, la stratégie de partenariat et d'alliances peut également être utilisée pour créer des avantages en matière de recherche et développement. Par exemple, la collaboration entre les entreprises pharmaceutiques pour la découverte et le développement de nouveaux médicaments est courante. Un exemple de collaboration réussie est celle entre Sanofi et Regeneron pour le développement de médicaments contre le cancer et les maladies cardiovasculaires.

Voici quelques exemples de stratégies de partenariat et d'alliances réussies de grandes marques :

Coca-Cola et McDonald's : Les deux marques ont établi une alliance à long terme depuis plus de 60 ans. Coca-Cola fournit des boissons à McDonald's, ce qui a permis aux deux marques de bénéficier d'une reconnaissance mutuelle de la marque et de renforcer leur position sur le marché mondial.

Nike et Apple : Les deux entreprises ont créé une alliance stratégique en 2006 pour lancer le Nike+ iPod Sport Kit, qui permet aux utilisateurs de suivre leurs activités physiques en temps réel. Cette collaboration a aidé Nike à se positionner comme une marque de fitness et de technologie innovante.

Uber et Spotify : en 2014, Uber et Spotify ont annoncé un partenariat pour permettre aux utilisateurs d'Uber de contrôler la musique de leur course à partir de leur compte Spotify. Cette collaboration a permis à Uber de se différencier de ses concurrents et de fournir une expérience plus personnalisée à ses utilisateurs.

Nestlé et Starbucks : en 2018, Nestlé a acquis les droits mondiaux perpétuels pour commercialiser les produits de café et de thé de Starbucks hors des magasins Starbucks. Cette alliance a permis à Nestlé de renforcer sa présence sur le marché du café et à Starbucks de se concentrer sur ses activités principales de vente au détail.

Google et Nestlé : En 2015, Google et Nestlé ont lancé une campagne publicitaire pour KitKat, qui utilisait le nom de code de la nouvelle version d'Android, Android KitKat. Cette campagne a permis à KitKat de se faire connaître auprès d'un public plus large et à Google de renforcer la notoriété de sa marque.

Cependant, il est important de noter que la stratégie de partenariat et d'alliances peut également comporter des risques. Tout d'abord, il peut y avoir des divergences d'opinion et des conflits entre les partenaires. De plus, il est possible que l'un des partenaires s'approprie les idées et les technologies de l'autre, ce qui peut entraîner des problèmes de propriété intellectuelle. Enfin, la dépendance à l'égard des partenaires peut également poser un risque si l'un des partenaires est confronté à des difficultés financières ou opérationnelles.

Chapitre 5

La gestion de l'argent

1. Budgétisation

La budgétisation de l'argent est l'un des aspects les plus importants de la gestion financière personnelle. Cela consiste à établir un plan détaillé de la manière dont vous allez utiliser votre argent. Une budgétisation efficace vous aidera à atteindre vos objectifs financiers à long terme en vous permettant de contrôler votre argent de manière plus efficace.

La budgétisation de l'argent peut sembler compliquée, mais en réalité, c'est assez simple. Tout d'abord, vous devez déterminer vos revenus mensuels. Cela peut inclure votre salaire, vos allocations, vos primes, vos revenus de location ou d'autres sources de revenus. Ensuite, vous devez déterminer vos dépenses mensuelles. Cela peut inclure votre loyer, vos factures de services publics, votre nourriture, vos frais de transport, vos soins de santé, vos dépenses de loisirs, vos remboursements de dettes et toutes les autres dépenses que vous avez.

Une fois que vous avez identifié vos revenus et vos dépenses, vous devez soustraire vos dépenses de vos revenus pour déterminer votre excédent de trésorerie ou votre déficit. Si vous avez un excédent de trésorerie, vous pouvez déterminer comment vous allez utiliser cet argent pour atteindre vos objectifs financiers. Si vous avez un déficit, vous devez trouver des moyens de réduire vos dépenses ou d'augmenter vos revenus pour atteindre un équilibre.

La budgétisation de l'argent peut être réalisée de différentes manières. Vous pouvez le faire manuellement en utilisant un cahier et un crayon, ou vous pouvez utiliser des applications et des logiciels de budgétisation en ligne. Ces outils vous permettent de saisir vos revenus et vos dépenses, de suivre vos dépenses en temps réel et de recevoir des alertes lorsque vous vous approchez de vos limites de dépenses.

Il est important de réviser votre budget régulièrement pour vous assurer que vous êtes sur la bonne voie pour atteindre vos objectifs financiers. Vous devrez peut-être apporter des ajustements en fonction de changements dans vos revenus ou vos dépenses. La budgétisation de l'argent peut sembler restrictive, mais en réalité, elle vous donne plus de contrôle sur votre argent et vous permet de prendre des décisions financières plus éclairées.

En fin de compte, la budgétisation de l'argent est essentielle pour une gestion financière saine et responsable. Elle vous permet de prendre le contrôle de vos finances et de réaliser vos objectifs financiers à long terme.

Voici quelques exemples concrets de budgétisation de l'argent :

Planification du budget mensuel

Chaque mois, vous pouvez établir un budget pour vos dépenses courantes telles que la nourriture, les factures de services publics, les loisirs et les vêtements. En utilisant des outils tels que des feuilles de calcul ou des applications de budget, vous pouvez allouer des montants spécifiques à chaque catégorie et suivre vos dépenses en conséquence.

Établissement d'un budget annuel

Si vous avez des dépenses annuelles importantes telles que des impôts fonciers ou des frais de scolarité, vous pouvez planifier à l'avance en établissant un budget pour l'année à venir. Vous pouvez également inclure des dépenses imprévues telles que les réparations de voiture ou les dépenses médicales dans votre budget annuel.

Budgétisation en prévision d'un événement spécifique

Si vous prévoyez de vous marier, d'acheter une maison ou de partir en vacances, vous pouvez établir un budget spécifique pour cet événement et économiser en conséquence. Cela peut vous aider à éviter les dettes et à atteindre vos objectifs financiers plus rapidement.

Budgétisation des dettes

Si vous avez des dettes, telles que des cartes de crédit ou des prêts étudiants, vous pouvez établir un plan de remboursement en utilisant la budgétisation pour vous assurer que vous êtes en mesure de faire vos paiements mensuels et réduire progressivement votre dette.

Budgétisation pour atteindre des objectifs financiers à long terme

Si vous avez des objectifs financiers à long terme, tels que l'achat d'une maison ou la retraite, vous pouvez utiliser la budgétisation pour vous aider à atteindre ces objectifs. En établissant un budget qui comprend l'épargne et l'investissement, vous pouvez progressivement construire votre patrimoine et atteindre vos objectifs financiers à long terme.

2. Gérer efficacement les dettes et les crédits

a) Les dettes

Gérer efficacement les dettes est un aspect crucial de la gestion financière personnelle. Les dettes peuvent avoir un impact considérable sur votre santé financière et affecter négativement votre qualité de vie. Par conséquent, il est essentiel de comprendre comment gérer vos dettes de manière efficace. Dans ce guide, nous allons examiner les stratégies que vous pouvez utiliser pour gérer efficacement vos dettes et améliorer votre santé financière.

Comprendre vos dettes :

La première étape pour gérer efficacement vos dettes est de comprendre exactement ce que vous devez et à qui vous devez. Il est important de dresser une liste de toutes vos dettes, y compris les soldes en cours, les paiements mensuels et les taux d'intérêt applicables. Vous pouvez utiliser des outils tels que des feuilles de calcul ou des applications de suivi de dettes pour vous aider à garder une trace de toutes vos dettes.

Une fois que vous avez une compréhension claire de vos dettes, vous pouvez évaluer votre situation financière globale et identifier les domaines où vous pouvez économiser de l'argent pour rembourser vos dettes plus rapidement.

Élaborer un plan de remboursement des dettes :

La budgétisation est un élément clé de la gestion efficace des dettes. Vous devez établir un plan pour rembourser vos dettes en fonction de vos revenus et de vos dépenses. Vous pouvez commencer par déterminer un montant que vous pouvez mettre de côté chaque mois pour rembourser vos dettes. Une fois que vous avez identifié ce montant, vous pouvez le répartir sur l'ensemble de vos dettes en fonction de leur taux d'intérêt.

Il est important de se concentrer sur le remboursement de vos dettes avec les taux d'intérêt les plus élevés en premier. En effet, ces dettes coûtent plus cher à long terme en raison des intérêts élevés. En remboursant d'abord les dettes avec les taux d'intérêt les plus élevés, vous économiserez de l'argent à long terme.

Négocier les taux d'intérêt avec les créanciers :

Si vous avez des dettes avec des taux d'intérêt élevés, il peut être utile de négocier avec vos créanciers pour réduire ces taux. Si vous avez une bonne cote de crédit, vous pouvez également envisager de transférer vos dettes sur une carte de crédit avec un taux d'intérêt plus bas.

Consolider les dettes :

La consolidation de dettes est une autre option à considérer pour gérer efficacement vos dettes. Cette méthode consiste à regrouper toutes vos dettes en une seule dette avec un taux d'intérêt plus bas. Cela peut vous permettre de rembourser vos dettes plus rapidement et de manière plus efficace, car vous n'avez qu'un seul paiement à effectuer chaque mois.

Il existe plusieurs options de consolidation de dettes,

notamment les prêts personnels, les cartes de crédit à taux de transfert de solde et les programmes de gestion de dettes. Il est important de comprendre les avantages et les inconvénients de chaque option avant de prendre une décision.

Éviter l'accumulation de nouvelles dettes :

Il est essentiel d'éviter l'accumulation de nouvelles dettes pour gérer efficacement les dettes existantes.

Voici quelques étapes à suivre pour éviter de s'endetter davantage :

Établir un budget : Un budget est un plan détaillé des dépenses et des revenus. Il peut aider à identifier les domaines où l'on peut économiser de l'argent. En établissant un budget, on peut évaluer ses dépenses mensuelles, identifier les frais inutiles, et allouer une partie de son revenu pour rembourser les dettes.

Économiser de l'argent : Il est important de mettre de côté une partie de son revenu pour constituer une épargne d'urgence. Cela peut aider à faire face aux imprévus financiers et éviter de contracter de nouvelles dettes.

Réduire les dépenses : Il est crucial de réduire les dépenses pour éviter de s'endetter davantage. On peut économiser de l'argent en réduisant les sorties, en cuisinant à la maison plutôt qu'en mangeant au restaurant, en utilisant les transports en commun plutôt que de conduire sa voiture, en achetant des produits d'occasion plutôt que neufs, etc.

Éviter les cartes de crédit : Les cartes de crédit peuvent être une source de dette coûteuse. Il est donc conseillé de les éviter ou de les utiliser avec prudence. Si on doit utiliser une carte de crédit, il faut s'assurer de rembourser le solde en entier chaque mois.

Une fois qu'on a réussi à éviter de nouvelles dettes, il est important de se concentrer sur la gestion de celles qui existent déjà.

En fin de compte, la gestion efficace des dettes implique de créer un plan pour rembourser les dettes, de suivre ce plan, de réduire les dépenses, d'économiser de l'argent et d'éviter de nouvelles dettes. Cela peut prendre du temps, mais c'est un processus important pour éviter l'accumulation de dettes et améliorer sa situation financière globale.

b) Les crédits

La gestion efficace des crédits est un aspect important de la gestion financière personnelle. Les crédits sont utilisés pour financer des achats majeurs tels que l'achat d'une maison, d'une voiture ou le financement d'études supérieures. Cependant, une mauvaise gestion des crédits peut entraîner des problèmes financiers graves tels que l'accumulation de dettes, les pénalités d'intérêts élevées et une baisse de la cote de crédit.

Pour gérer efficacement les crédits, il est important de comprendre les types de crédits disponibles, leurs avantages et leurs inconvénients, ainsi que les coûts associés.

Voici quelques éléments clés à prendre en compte pour gérer efficacement les crédits :

Comprendre les différents types de crédits :

Il est important de comprendre les différents types de crédits disponibles, leurs termes et leurs conditions, afin de pouvoir choisir celui qui convient le mieux à vos besoins et capacités financières.

Les principaux types de crédits sont :

Les prêts personnels : Ce sont des prêts à court ou à long terme que vous pouvez utiliser pour financer des achats importants ou des projets, tels que l'achat d'une voiture ou des travaux de rénovation domiciliaire. Les prêts personnels peuvent être garantis ou non garantis, selon le montant emprunté et la capacité de remboursement de l'emprunteur.

Les cartes de crédit : Les cartes de crédit sont un type de crédit renouvelable qui vous permet d'emprunter de l'argent jusqu'à une certaine limite, connue sous le nom de limite de crédit. Les cartes de crédit peuvent être utilisées pour effectuer des achats et des paiements, et doivent être remboursées chaque mois.

Les prêts hypothécaires : Les prêts hypothécaires sont des prêts à long terme utilisés pour financer l'achat d'une propriété immobilière. Les prêts hypothécaires peuvent être garantis ou non garantis, et les modalités de remboursement peuvent varier en fonction du prêteur et de l'emprunteur.

Les prêts étudiants : Les prêts étudiants sont des prêts à court ou à long terme destinés à financer les études postsecondaires. Les modalités de remboursement des prêts étudiants peuvent varier en fonction du prêteur et du programme d'études.

Les prêts automobiles : Les prêts automobiles sont des prêts à court ou à long terme utilisés pour financer l'achat d'un véhicule. Les modalités de remboursement des prêts automobiles peuvent varier en fonction du prêteur et de l'emprunteur.

Comparer les offres de crédit :

Pour gérer efficacement les crédits, il est important de savoir comment comparer les différentes offres de crédit. En effet, chaque offre de crédit a ses propres termes et conditions, taux d'intérêt, frais, remboursement, etc. Il est donc crucial de prendre le temps de comparer différentes offres de crédit avant de décider de laquelle choisir.

Voici quelques éléments à prendre en compte lors de la comparaison des offres de crédit :

Le taux d'intérêt : le taux d'intérêt est l'un des éléments les plus importants à prendre en compte lors de la comparaison des offres de crédit. Il détermine le coût du crédit, c'est-à-dire le montant total que vous devrez rembourser à la fin de la période de remboursement. Il est important de noter que le taux d'intérêt peut être fixe ou variable. Un taux d'intérêt fixe ne change pas pendant la durée du crédit, tandis qu'un taux d'intérêt variable peut changer en fonction des fluctuations du marché.

Les frais : les offres de crédit peuvent inclure différents types de frais, tels que les frais de traitement, les frais de dossier, les frais de tenue de compte, etc. Il est important de lire attentivement les termes et conditions pour savoir quels sont les frais applicables et combien ils coûtent.

Les conditions de remboursement : les conditions de remboursement sont également un élément important à prendre en compte lors de la comparaison des offres de crédit. Cela peut inclure la durée du crédit, les modalités de remboursement (mensuel, trimestriel, etc.), la date de début et de fin du crédit, etc.

Les exigences : certaines offres de crédit peuvent avoir des exigences spécifiques, telles qu'un revenu minimum, un historique de crédit positif, etc. Il est important de vérifier les exigences de chaque offre pour savoir si vous êtes éligible.

Les avantages : certaines offres de crédit peuvent inclure des avantages tels que des points de récompense, des programmes de fidélité, des offres promotionnelles, etc.

Une fois que vous avez comparé différentes offres de crédit, vous pouvez choisir celle qui convient le mieux à vos besoins et à votre situation financière. Cependant, il est important de ne pas se précipiter dans une décision et de prendre le temps de réfléchir à toutes les options disponibles.

En conclusion, comparer les offres de crédit est une étape importante pour gérer efficacement les crédits. Cela vous permettra de trouver l'offre de crédit qui convient le mieux à vos besoins et à votre situation financière. Cependant, il est important de prendre en compte tous les éléments, tels que le taux d'intérêt, les frais, les conditions de remboursement, les exigences et les avantages, avant de prendre une décision.

Négocier les taux d'intérêt :

La négociation des taux d'intérêt est une étape importante dans la gestion efficace des crédits. En négociant les taux d'intérêt, vous pouvez réduire le coût total des intérêts que vous payez sur vos prêts et économiser de l'argent à long terme. Voici quelques conseils pour vous aider à négocier les taux d'intérêt sur vos prêts.

Faites vos recherches :

Avant de négocier les taux d'intérêt, il est important de faire vos recherches. Renseignez-vous sur les taux d'intérêt moyens pour les types de prêts que vous recherchez et sur les offres actuelles des différents prêteurs. Vous pouvez également utiliser des outils de comparaison en ligne pour trouver les offres les plus attractives.

Préparez votre argumentaire :

Lorsque vous négociez les taux d'intérêt, il est important d'avoir un argumentaire solide. Préparez-vous à expliquer pourquoi vous êtes un bon candidat pour un taux d'intérêt inférieur. Par exemple, si vous avez un excellent historique de crédit et un revenu stable, cela pourrait être un argument en faveur d'un taux d'intérêt inférieur.

Soyez prêt à marchander :

La négociation est une question de compromis. Soyez prêt à marchander avec le prêteur pour trouver un taux d'intérêt qui convient à votre budget. Vous pouvez également demander des concessions supplémentaires, comme des frais de dossier réduits ou une période de remboursement plus longue.

Demandez l'aide d'un courtier en prêts :

Si vous n'êtes pas à l'aise pour négocier vous-même les taux d'intérêt, vous pouvez faire appel à un courtier en prêts. Un courtier en prêts peut vous aider à trouver les offres les plus attractives et à négocier les taux d'intérêt en votre nom.

Soyez prêt à refuser une offre :

Si vous n'êtes pas satisfait de l'offre de prêt proposée, n'ayez pas peur de la refuser et de chercher ailleurs. Il est important de trouver un prêteur qui vous convient et qui propose des conditions de prêt qui correspondent à vos besoins.

Imaginons que vous ayez un prêt personnel avec un taux d'intérêt de 10 % et que vous trouviez un autre prêteur qui propose un taux d'intérêt de 8 % pour le même montant et la même durée de remboursement.

Vous devez contacter votre prêteur et lui expliquer que vous avez trouvé une offre de prêt concurrentielle avec un taux d'intérêt inférieur. Demandez si le prêteur est disposé à s'aligner sur le taux d'intérêt plus bas. Si le prêteur accepte de négocier, il pourrait vous proposer un nouveau taux d'intérêt plus bas. Si le prêteur actuel ne veut pas négocier, vous pourriez envisager de transférer votre prêt vers un autre prêteur qui propose un taux d'intérêt plus bas. Toutefois, avant de prendre cette décision, assurez-vous de vérifier les frais de transfert et de clôture du prêt actuel pour vous assurer que le coût de transfert n'annulera pas les économies que vous réaliserez grâce à un taux d'intérêt plus bas.

Enfin, il est important de noter que la négociation des taux d'intérêt ne fonctionne pas toujours et que chaque situation est unique. C'est pourquoi il est important de faire vos recherches et de vous préparer avant de commencer la négociation.

En conclusion, la négociation des taux d'intérêt est une étape importante dans la gestion efficace des crédits. En faisant vos recherches, en préparant votre argumentaire, en étant prêt à marchander, en demandant l'aide d'un courtier en prêts et en étant prêt à refuser une offre qui ne convient pas, vous pouvez obtenir des taux d'intérêt plus avantageux et économiser de l'argent à long terme.

Faire des paiements anticipés :

Faire des paiements anticipés est une stratégie financière qui consiste à payer une dette ou une facture avant la date d'échéance prévue. Cette pratique peut être avantageuse pour les consommateurs qui cherchent à économiser de l'argent sur les intérêts et à réduire leur niveau d'endettement.

Les paiements anticipés peuvent être effectués sur divers types de dettes, les prêts immobiliers, les prêts automobiles, les cartes de crédit, etc.

Voici quelques avantages à faire des paiements anticipés :

Réduction des frais d'intérêts : Lorsque vous effectuez des paiements anticipés, vous réduisez la durée de votre prêt et, par conséquent, le montant total des intérêts que vous devez payer. Cela signifie que vous économiserez de l'argent sur le coût total de votre emprunt.

Réduction de l'endettement : En faisant des paiements anticipés, vous pouvez réduire le montant de la dette que vous devez rembourser. Cela peut vous aider à vous libérer plus rapidement de vos dettes et à améliorer votre cote de crédit.

Flexibilité accrue : Si vous effectuez des paiements anticipés sur une dette à remboursement flexible, telle qu'une carte de crédit ou une marge de crédit, vous pouvez accéder à ces fonds en cas de besoin.

Économie de temps : En réduisant la durée de votre prêt, vous pouvez vous libérer plus rapidement de vos dettes et vous concentrer sur d'autres priorités financières.

Cependant, il est important de considérer certains éléments avant de faire des paiements anticipés.

Voici quelques considérations :

Frais de pénalité : Certains prêteurs peuvent facturer des frais de pénalité pour les paiements anticipés. Assurez-vous de comprendre les conditions de votre prêt avant de faire un paiement anticipé.

Épargne de précaution : Avant de faire des paiements anticipés, assurez-vous d'avoir une épargne de précaution suffisante pour faire face aux imprévus, tels que les frais de santé ou les réparations de voiture.

Priorités financières : Avant de faire des paiements anticipés, assurez-vous de vous concentrer sur les priorités financières les plus importantes, telles que le remboursement de dettes à taux d'intérêt élevé ou la constitution d'une épargne pour la retraite.

En résumé, faire des paiements anticipés peut être une stratégie financière efficace pour réduire les intérêts, réduire l'endettement, améliorer la flexibilité financière et économiser du temps. Cependant, il est important de considérer les éléments mentionnés ci-dessus avant de faire des paiements anticipés.

Évaluer sa capacité de remboursement :

L'évaluation de sa capacité de remboursement est une étape cruciale dans la gestion efficace de ses finances personnelles. Cela implique d'analyser ses revenus et ses dépenses actuels, ainsi que de prévoir les fluctuations futures de ces chiffres pour déterminer combien d'argent on peut raisonnablement se permettre d'emprunter et de rembourser.

La première étape de l'évaluation de sa capacité de remboursement consiste à dresser un inventaire de ses revenus et de ses dépenses mensuels. Les revenus peuvent inclure les salaires, les allocations familiales, les dividendes ou tout autre revenu régulier. Les dépenses peuvent inclure le loyer ou le remboursement hypothécaire, les factures de services publics, les paiements de voiture, l'assurance, la nourriture, les vêtements et toutes les autres dépenses régulières. Il est important d'être aussi exhaustif que possible dans la collecte de ces informations.

Une fois que l'on a rassemblé ces informations, il est temps de les analyser. On peut commencer par diviser ses dépenses en deux catégories : les dépenses fixes et les dépenses variables. Les dépenses fixes sont celles qui restent les mêmes chaque mois, comme le loyer ou le remboursement hypothécaire, les factures de services publics, les paiements de voiture et les remboursements de dettes. Les dépenses variables sont celles qui varient chaque mois, comme la nourriture, les vêtements et les loisirs.

Ensuite, il est important de déterminer combien d'argent il reste après avoir payé toutes les dépenses fixes et variables. Cet argent peut être utilisé pour rembourser les dettes et pour économiser. Il est important de ne pas emprunter plus d'argent que l'on ne peut se permettre de rembourser chaque mois.

Une fois que l'on a évalué ses revenus et ses dépenses actuels, il est important de prévoir les fluctuations futures de ces chiffres. Par exemple, si l'on prévoit de changer de travail ou de déménager, cela peut affecter les revenus et les dépenses. Il est important de tenir compte de ces changements lors de l'évaluation de sa capacité de remboursement.

Enfin, il est important de tenir compte de la qualité de crédit et de l'historique de remboursement lors de l'évaluation de sa capacité de remboursement. Si l'on a un mauvais historique de crédit ou si l'on a des dettes en souffrance, il peut être plus difficile d'obtenir un prêt ou un crédit à des taux d'intérêt raisonnables.

En somme, pour évaluer sa capacité de remboursement, il est important de dresser un inventaire de ses revenus et de ses dépenses actuels, de prévoir les fluctuations futures de ces chiffres, de déterminer combien d'argent il reste après avoir payé toutes les dépenses fixes et variables et de tenir compte de la qualité de crédit et de l'historique de remboursement.

Établir un plan de remboursement :

Établir un plan de remboursement est une étape cruciale dans la gestion efficace des crédits. Un plan de remboursement est un guide qui vous permet de rembourser vos dettes de manière structurée et organisée. Il vous aide à visualiser votre dette et à suivre votre progrès, tout en vous donnant une date de fin réaliste pour le remboursement.

Voici quelques étapes pour établir un plan de remboursement :

Faites un inventaire de vos dettes : Pour établir un plan de remboursement efficace, vous devez avoir une idée claire de vos dettes actuelles. Faites une liste de tous vos crédits en cours, y compris les soldes et les taux d'intérêt applicables.

Établissez un budget réaliste : Pour rembourser efficacement vos dettes, vous devez être en mesure de faire des paiements réguliers. Cela nécessite un budget réaliste qui prend en compte toutes vos dépenses et vos revenus. Faites un budget pour établir combien vous pouvez mettre de côté chaque mois pour le remboursement de vos dettes.

Déterminez un ordre de priorité : Lorsque vous avez une liste de vos dettes, établissez un ordre de priorité en fonction de leur taux d'intérêt. Les dettes avec des taux d'intérêt plus élevés doivent être remboursées en premier.

Négociez des taux d'intérêt plus bas : Si possible, négociez avec vos créanciers pour obtenir des taux d'intérêt plus bas. Cela peut réduire les paiements mensuels et aider à accélérer le remboursement.

Déterminez le montant du paiement minimum : Consultez les relevés de compte pour déterminer le montant minimum requis pour chaque crédit. Vous devriez toujours payer au moins le paiement minimum pour éviter les frais de retard et les pénalités.

Planifiez des paiements supplémentaires : Si vous avez un budget supplémentaire, planifiez des paiements supplémentaires pour rembourser plus rapidement vos dettes. Ces paiements supplémentaires peuvent aider à réduire la durée du remboursement et les intérêts.

Faites des ajustements en cours de route : Votre plan de remboursement doit être flexible pour s'adapter aux changements de votre situation financière. Faites des ajustements en cours de route pour vous assurer que votre plan reste réaliste et efficace.

L'établissement d'un plan de remboursement peut sembler difficile, mais il est essentiel pour gérer efficacement vos dettes. En suivant ces étapes, vous pouvez établir un plan de remboursement réaliste qui vous aidera à rembourser vos dettes de manière efficace et organisée.

Conclusion

En conclusion, les clés de la réussite pour réussir la gestion de votre argent et atteindre votre potentiel financier est un objectif réalisable pour chacun d'entre nous, quelle que soit notre situation actuelle. Il ne s'agit pas seulement d'avoir plus d'argent, mais aussi de prendre le contrôle de notre vie financière, de réduire notre stress financier et de nous donner la liberté de poursuivre nos rêves et nos passions. Cela nécessite une approche proactive et disciplinée, mais les récompenses valent largement les efforts.

Tout d'abord, nous devons comprendre notre situation financière actuelle en examinant nos budgets, nos dettes et nos flux de trésorerie. Cela nous donne une base solide pour définir des objectifs financiers réalistes et élaborer un plan d'action pour les atteindre. Ensuite, nous devons développer une discipline financière en évitant les dépenses excessives, en maximisant nos revenus et en investissant de manière judicieuse. Cela peut être difficile, mais avec la pratique et l'utilisation d'outils tels que des applications de suivi de budget ou des conseillers financiers, cela devient plus facile.

Il est également important de maintenir une approche proactive en continuant à éduquer nous-mêmes sur les tendances économiques et les opportunités d'investissement, et en ajustant notre stratégie en fonction des changements dans notre vie personnelle ou professionnelle. Cela nous permet de rester sur la bonne voie et de maximiser notre potentiel financier.

En fin de compte, atteindre notre potentiel financier est un voyage qui peut prendre du temps et des efforts, mais cela en vaut la peine. Nous pouvons profiter de la sécurité financière, de la liberté et de la tranquillité d'esprit que cela apporte. En suivant les étapes clés que nous avons examinées dans cet essai, nous pouvons tous prendre le contrôle de notre vie financière et atteindre notre potentiel financier.

À propos de l'auteur

Ce livre est son premier essai. Né dans une famille de créatifs où son père était également journaliste et auteur. François Kan a grandi en aimant la littérature et l'écriture. C'est sa passion pour la finance qui l'a conduit à écrire ce livre, " Réussir la gestion de mon argent ".

Bibliographie

Kiyosaki, R. (1997). Père riche, père pauvre : ce que les gens riches enseignent à leurs enfants à propos de l'argent et que ne font pas les gens pauvres et de la classe moyenne ! Un monde différent.

Ramsey, D. (2017). Transformez vos finances personnelles : L'histoire vraie de l'homme qui a vendu sa maison, sa voiture et tout ce qu'il possédait pour devenir riche. Un monde différent.

Bach, D. (2016). Devenez automatiquement millionnaire : L'unique méthode efficace pour atteindre vos objectifs financiers. Un monde différent.

Allen, D. (2003). S'organiser pour réussir : Getting Things Done. Leducs Editions.

Covey, S. R. (1989). Les 7 habitudes de ceux qui réalisent tout ce qu'ils entreprennent. First.

Taler, J. (2017). L'art de la simplicité : Simplifier sa vie, c'est l'enrichir. Marabout.

Buffet, W. E. (2013). Lettre à ses actionnaires. Valor.

Sincero, J. (2013). Ta deuxième vie commence quand tu comprends que tu n'en as qu'une. Pocket.

Ferriss, T. (2007). La semaine de 4 heures : Travaillez moins, gagnez plus et vivez mieux. Pearson.

Duhigg, C. (2012). Le pouvoir des habitudes : Changer un rien pour tout changer. Pocket

www.ingramcontent.com/pod-product-compliance
Lightning Source LLC
Chambersburg PA
CBHW070918220526
45467CB00004B/1465